高职院校内部治理研究

朱忠义 著

北京理工大学出版社
BEIJING INSTITUTE OF TECHNOLOGY PRESS

版权专有　侵权必究

图书在版编目（CIP）数据

高职院校内部治理研究／朱忠义著． －－北京：北京理工大学出版社，2021.8
　ISBN 978－7－5763－0166－3

Ⅰ．①高… Ⅱ．①朱… Ⅲ．①高等职业教育－学校管理－研究－中国 Ⅳ．①G718.5

中国版本图书馆 CIP 数据核字（2021）第 165619 号

出版发行／北京理工大学出版社有限责任公司
社　　址／北京市海淀区中关村南大街5号
邮　　编／100081
电　　话／（010）68914775（总编室）
　　　　　（010）82562903（教材售后服务热线）
　　　　　（010）68944723（其他图书服务热线）
网　　址／http：//www.bitpress.com.cn
经　　销／全国各地新华书店
印　　刷／三河市华骏印务包装有限公司
开　　本／710 毫米×1000 毫米　1/16
印　　张／15　　　　　　　　　　　　责任编辑／封　雪
字　　数／200 千字　　　　　　　　　　文案编辑／杜　枝
版　　次／2021 年 8 月第 1 版　2021 年 8 月第 1 次印刷　责任校对／刘亚男
定　　价／68.00 元　　　　　　　　　　责任印制／施胜娟

图书出现印装质量问题，请拨打售后服务热线，本社负责调换

前　　言

　　2013 年，党的十八届三中全会首次提出了"推进国家治理体系与治理能力现代化"；2019 年，党的十九届四中全会通过了《中共中央关于坚持和完善中国特色社会主义制度、推进国家治理体系与治理能力现代化若干重大问题的决定》，将推进治理体系和治理能力现代化上升为国家战略。高等职业教育作为最贴近产业、行业、企业，最贴近经济社会发展的一种教育类型，推进其治理改革是落实国家治理体系和治理能力现代化改革的重要举措。同时，随着我国产业升级和经济的转型发展，社会对高等职业教育的人才培养质量提出了更高的要求。2019 年国务院颁布《国家职业教育改革实施方案》，提出要把发展高等职业教育作为优化高等教育结构和培养大国工匠、能工巧匠的重要方式。2019 年 4 月，教育部、财政部发布的《关于实施中国特色高水平高职学校和专业建设计划的意见》提出，集中力量建设一批引领改革、支撑发展，具有中国特色和世界水平的高职学校和专业群，带动职业教育持续深化改革，强化内涵建设，实现高质量发展。"内因是事物发展的根本动力"，面对推进高等职业教育高质量发展的现实需要，以及提升高职院校人才培养质量的客观需要，高等职业教育领域必须加快推进内部治理体系与治理能力现代化进程，高职院校必须不断完善其内部治理结构、提升治理能力，为社会主义现代化建设提供有力的人才支持。

　　近年来，国家日益重视高职院校的内部治理建设，高职院校也对自身内部治理进行了积极的改革探索。从高职院校的内部治理现状来看，仍存在不同程度的"治理主体单一、行业企业参与高职院校内部治理程度较低、未能建立现代高职院校多元治理结构、内部监督保障机制不够完善、学术自主权力得不到有效保障、以章程为核心的治理制度体系尚待完善、二级教学管理机构权责划分不清晰、高职院校治理运行机制效率不高、部分高职院校内部治理结构较为封闭"等问题。因此，正视高职教育治理领域存在的问题，在根植本土文化的基础上，借鉴发达国家高职院校的治理经验，构建具有中国特色的高职院校内部治理结构和治理体系，是高职院校适应国家治理体系和治理能力现代化时代要求并实现高质量发展的迫切需要。

科学合理的内部治理制度和治理结构不仅能激发高职院校校内利益相关主体参与高职院校治理的积极性、提高治理的效率、实现民主治理，还能进一步确保决策的科学性和执行的顺畅性；是高职院校实现有效管理，提高办学质量与竞争力的重要保障。首先，鉴于章程既是推进高等院校内涵发展的必然要求，又是衡量其办学水平的重要标志；高职院校要在尊重现代职业教育发展规律和学校实际情况的基础上，不断夯实以章程为主体的制度建设在推进高职院校内部治理变革中的基础性作用，促进高职院校内部行政权力、学术权力、民主权力的动态平衡与良性运行。其次，高职院校在推进内部治理改革的进程中，要不断优化内部治理结构，健全完善实现科学治理、协调治理、共同治理、有效治理所需要的内部组织机构；各组织机构之间既要科学配置又要通力合作，以全面激活内生发展动力。更为重要的是，要以"分权与制衡"理念为指导，科学界定权力"让渡"的内涵，准确分解"管理重心下沉"的任务，将人事、财务、教学管理等权力"让渡"给二级学院，促进学校与二级学院两级组织之间责、权、利的协调一致，从而不断强化学校与二级教学单位之间的利益协调与利益整合，调动二级学院的办学自主性和积极性，优化高职教育资源配置，提高资源利用效率与办学效益，深入有效推进高职院校治理体系和治理能力现代化建设。

随着"工业4.0""人工智能""互联网+"等新技术、新业态、新方略对教育的深刻影响，"培养什么样的高素质人才""如何兴办高质量教育"成为当代高职教育需要时刻解答的问题，实施多元主体"实质性"参与办学、共商共策的混合所有制办学模式，有利于回答这一时代之问。根据利益相关者的不同利益诉求，以"明确混合所有制高职院校各治理主体的角色定位，完善混合所有制高职院校办学治理结构，科学界定和划分混合所有制高职院校各治理主体的职责权限，明确企业参与高职院校治理的底线，破除混合所有制高职院校内部治理的制度瓶颈，打破封闭的内部组织，突出重要利益相关者的主导作用"为切入点探寻混合所有制高职院校内部治理改革的有效对策，不仅有利于高职院校摆脱发展困境，而且有利于高职教育产教融合的真正实现，还有利于高职教育从"数量时代"向"质量时代"转型与过渡的真正实现。

  本书以大量的文献分析与深入的实践调研作为研究和逻辑的起点，在撰写过程中参阅引用了一些学者的研究成果、学习借鉴了一些高职院校内部治理的成功经验，也得到有关领导、专家和同事的指导帮助，在此一并表示感谢！

  本书在撰写过程中力求合理决策与科学设计高职院校内部治理的改革蓝图并探明其有效的实现路径；但由于作者水平有限，加之时间紧迫，不足之处在所难免，恳请广大读者批评指正！

作　者
2021.6

目　录

第一章　绪论 ………………………………………………… (1)
　第一节　研究背景及研究意义 ………………………………… (1)
　　一、问题的提出 ………………………………………………… (1)
　　二、研究意义 …………………………………………………… (3)
　第二节　核心概念界定 ………………………………………… (5)
　　一、公办高职院校 ……………………………………………… (5)
　　二、混合所有制高职院校 ……………………………………… (6)
　　三、治理、治理体系与治理能力 ……………………………… (7)
　　四、高职院校管理与高职院校治理 …………………………… (8)
　　五、大学内部管理体制与大学内部治理体系 ………………… (9)
　第三节　研究的理论基础 ……………………………………… (10)
　　一、公共治理理论 ……………………………………………… (10)
　　二、利益相关者理论 …………………………………………… (11)
　　三、委托—代理理论 …………………………………………… (12)
　　四、教育消费理论 ……………………………………………… (14)
　　五、秩序生成理论 ……………………………………………… (14)
　第四节　研究现状综述 ………………………………………… (16)
　　一、国内研究简述 ……………………………………………… (16)
　　二、国外研究简述 ……………………………………………… (20)
　　三、简要述评 …………………………………………………… (23)

第二章　高职院校内部治理现状及存在的问题 ……………… (24)
　第一节　我国高职院校内部治理的现状 ……………………… (24)

一、我国高职院校内部治理的模式 …………………………（24）
　　二、我国高职院校机构设置和职能定位 ……………………（25）
　　三、高职院校内部权力配置及运行现状 ……………………（27）
　第二节　高职院校内部治理存在的主要问题 …………………（33）
　　一、多元治理主体协同治理程度较低 ………………………（33）
　　二、以章程为核心的内部治理制度体系尚待完善 …………（35）
　　三、二级教学管理机构权责划分有待清晰 …………………（37）
　　四、高职院校内部治理运行机制效率有待提高 ……………（40）
　　五、高职院校内部监督保障机制不够完善 …………………（42）
　　六、教学质量管理与学校内部激励机制、约束机制结合
　　　　不紧密 ………………………………………………………（42）
　　七、部分高职院校的内部治理结构还较封闭 ………………（43）

第三章　国际比较视野下的高职院校内部治理研究 ……（45）

　第一节　世界主要发达国家高职院校的治理实践 ……………（45）
　　一、美国高职院校推行的共同治理模式 ……………………（45）
　　二、德国的双元制教育模式 …………………………………（51）
　　三、澳大利亚高职院校的董事会治理 ………………………（56）
　　四、新加坡高职院校的内部管理体制与运作 ………………（57）
　　五、日本高职院校的法人治理结构 …………………………（60）
　　六、英国职业教育完善的机构体系与决策模式 ……………（61）
　第二节　发达国家高职院校内部治理特点及启示 ……………（63）
　　一、发达国家高职院校内部治理特点概述 …………………（63）
　　二、发达国家高职院校内部治理经验的启示 ………………（69）

第四章　高职院校内部治理制度的设计与完善 ……………（73）

　第一节　高职院校内部治理制度的结构缺陷 …………………（74）
　　一、制度结构的内部边界存在模糊性 ………………………（74）
　　二、制度结构的内部关系存在不平等性 ……………………（76）
　　三、制度结构的内部运行方式存在单一性 …………………（78）
　第二节　高职院校内部治理制度的理想框架 …………………（79）
　　一、领导性的政治权力 ………………………………………（80）

二、管理和服务性的行政权力 …………………… (81)
　　三、自主性的学术权力 ……………………………… (82)
　第三节　完善以章程为核心的治理制度体系，实现"依法
　　　　　治校" ……………………………………………… (84)
　　一、建设特色化的高职院校章程，推进章程的实施 … (84)
　　二、完善党委领导下的校长负责制，促使政治权力和
　　　　行政权力有效运行 ……………………………… (91)
　　三、健全考评细则与激励机制，激发高职院校内部发
　　　　展活力 …………………………………………… (92)
　　四、构建监督保障机制，提高治理效能 …………… (96)

第五章　高职院校内部治理结构的优化 ………………… (99)
　第一节　高职院校内部治理结构的特征与优化原则 ……… (99)
　　一、高职院校内部治理结构的基本特征 …………… (100)
　　二、高职院校内部治理结构优化的主要原则 ……… (103)
　第二节　精简组织机构，提升治理效率 …………………… (106)
　　一、组织机构改革应坚持的原则 …………………… (106)
　　二、精简组织机构的思路 …………………………… (106)
　第三节　健全"党委领导、院长负责、教授治学、民主
　　　　　管理"的内部治理结构 ………………………… (109)
　　一、建立完善咨询机构，为党委会集体决策做参考 … (109)
　　二、建立专门委员会，科学策划校长全面负责的工
　　　　作 …………………………………………………… (110)
　第四节　建立高职院校理事会，各利益主体参与学校治
　　　　　理 …………………………………………………… (112)
　　一、明确理事会的职能定位 ………………………… (113)
　　二、清晰理事会的构建模式 ………………………… (114)
　　三、建立健全"党委领导下的理事会"决策体制与
　　　　理事会运行机制 ………………………………… (114)
　第五节　健全学术组织，完善学术权力体系 ……………… (116)
　　一、建立完善学术组织的意义 ……………………… (116)

二、学术委员会的性质地位 …………………………… (117)
　　三、明确高职院校学术委员会的职能范围 …………… (119)
　第六节　强化行业企业参与高职院校内部治理，完善具
　　　　　有职教特色的组织结构 ………………………… (121)
　　一、国外行业企业参与职业院校治理的经验分析 …… (121)
　　二、有效推进行业企业参与高职院校治理的策略 …… (125)

第六章　基于内部治理能力提升的高职院校校院两级管理
　　　　改革 ……………………………………………………… (130)
　第一节　高职院校校院两级管理改革的理论基础及关键
　　　　　环节 ………………………………………………… (130)
　　一、高职院校校院两级管理改革的理论基础 ………… (130)
　　二、高职院校校院两级管理改革的关键环节 ………… (132)
　第二节　高职院校校院两级管理改革的现实困境及其原因
　　　　　分析 ………………………………………………… (133)
　　一、我国高职院校校院两级管理改革的现实困境 …… (134)
　　二、高职院校校院两级管理改革现实困境的原
　　　　因分析 ……………………………………………… (139)
　第三节　推进高职院校校院两级管理改革的对策 ………… (142)
　　一、在二级学院树立"服务型"行政观念和营造尊重
　　　　学术的氛围 ………………………………………… (142)
　　二、健全二级学院组织，合理构建二级学院治理架构
　　　　………………………………………………………… (143)
　　三、调整与重构校院两级治理体制及各自管理职权
　　　　………………………………………………………… (148)
　　四、建立切实有效的两级管理运行机制 ……………… (150)
　　五、强化目标管理，推进管理重心下移 ……………… (152)
　　六、加强管理团队建设 ………………………………… (154)

第七章　强化教师参与高职院校内部管理 …………………… (156)
　第一节　教师参与高职院校内部治理的现实内涵及价值
　　　　　………………………………………………………… (157)

一、教师参与高职院校内部治理的内涵界定 ………… (157)
　　　二、教师参与高职院校内部治理的关键要素分析 …… (160)
　　　三、教师参与高职院校内部治理的主要价值 ………… (162)
　　第二节　教师参与高职院校内部治理存在的问题及成因
　　　　　 分析 ……………………………………………… (166)
　　　一、当前教师参与高职院校内部治理存在的主要问题
　　　　 ……………………………………………………… (166)
　　　二、教师参与高职院校内部治理存在问题的原因分析
　　　　 ……………………………………………………… (169)
　　第三节　有效促进教师参与高职院校内部治理 ………… (172)
　　　一、国外教师参与高职院校内部治理实践概述 ……… (172)
　　　二、国外教师参与高职院校内部治理的启示 ………… (174)
　　　三、促进教师参与高职院校内部治理的建议 ………… (177)

第八章　混合所有制高职院校内部治理现状及改革对策
　　　　 ……………………………………………………… (187)
　　第一节　混合所有制高职院校发展的意义与内部协同治理
　　　　　 的价值诉求 …………………………………………… (188)
　　　一、新时代推进混合所有制高职院校发展的现实意义
　　　　 ……………………………………………………… (188)
　　　二、混合所有制高职院校协同治理的价值诉求 ……… (191)
　　第二节　混合所有制高职院校的治理现状及问题分析 … (195)
　　　一、混合所有制高职院校的治理现状 ………………… (195)
　　　二、混合所有制高职院校办学实践中存在的主要治理
　　　　 困境与问题 …………………………………………… (196)
　　　三、企业参与高职院校治理的利弊分析 ……………… (201)
　　第三节　混合所有制高职院校的治理结构特点及运行机制
　　　　　 分析 ……………………………………………… (203)
　　　一、混合所有制高职院校治理结构的基本特征 ……… (204)
　　　二、混合所有制高职院校内部运行机制分析 ………… (207)
　　第四节　深化混合所有制高职院校内部治理改革的对策
　　　　　 ……………………………………………………… (211)

一、明确混合所有制高职院校各治理主体的角色定位 …………………………………………………… (212)
二、完善混合所有制高职院校办学治理结构 ………… (213)
三、科学界定和划分混合所有制高职院校各治理主体的职责权限 …………………………………… (214)
四、明确企业参与高职院校治理的底线 ……………… (216)
五、完善顶层设计，破除混合所有制高职院校内部治理的制度瓶颈 …………………………………… (217)
六、营造和谐稳定的内部环境，打破封闭的内部组织 …………………………………………………… (218)
七、突出重要利益相关者的主导作用，尊重多参与方的利益 …………………………………………… (219)

参考文献 ……………………………………………… (221)

第一章 绪论

第一节 研究背景及研究意义

一、问题的提出

治理已经成为当今世界各国政府广泛关注的国家发展战略之一。中国作为正在崛起的大国，在全面建设社会主义现代化国家的历史进程中，面临着诸多困难和严峻挑战。为了最终实现中华民族伟大复兴的宏伟目标，党的十八届三中全会通过的《中共中央关于全面深化改革若干重大问题的决定》提出，"全面深化改革的总目标是完善和发展中国特色社会主义制度，推进国家治理体系和治理能力现代化"，从而将"治理"提高到了前所未有的高度。推进国家治理体系和治理能力现代化，实现由"国家统治"向"国家治理"、"社会管理"向"社会治理"的转变，不仅是中国共产党在马克思主义国家理论和社会发展理论方面的重要创新，更是我党在执政理念和执政方式上的重要转变。

国家治理体系和治理能力现代化，一方面受到全球治理运动的有力推动；另一方面也必然受到国家内部各个治理子系统的深刻影响和制约。高职教育作为我国高等教育的重要组成部分，肩负着培养人才、技术创新与推广、服务社会、传承和创新文化的重要使命，直接服务地方经济社会建设第一线。高职院校治理作为国家治理中观、微观层面的组成部分，也必然嵌入国家治理的整体架构之中，成为国家治理能力整合提升的重要推手。而当前在阻碍中国高职院校发展的内外部因素中，尤以高职院校"内部治理体制不顺、治理结构不合理、行政管理体制相对集中、内部行政权力彰显、学术权力相对弱化"等问题最为突出，也最亟待解决。基于此，2014年，国务院颁布《关于加快发展现代职业教育的决定》，提出"职业院校要依法制定体现职业教育特色的章程和制度，完善治理结构，提升治理能力"。2015年10月，教育部颁布《高等职业教育创新发展行动计划（2015—2018年）》，提出"坚持教学改革与提升院校治理能力相结合"的原则，并且重点指出"建立健全依法自主管理、民主监督、社会参与的高等职业院校治理结构"。2017年12月，国务院颁布的《国务院办公厅关于深化产教融合的若干意见》中再次强调要加快学校治理结构改革，提出"建立健全职业学校和高等学校理事会制度，鼓励引入行业、科研院所、社会组织等多方参与。推动学校优化内部治理，充分体现一线教学科研机构自主权，积极发展跨学科、跨专业教学和科研组织"。2020年9月，教育部、国家发展改革委、工业和信息化部等九部门印发的《职业教育提质培优行动计划（2020—2023年）》提出了具体的职业教育治理能力提升行动计划。由此可知，大力推进高职院校内部治理改革、完善高职院校内部治理结构与治理体系、提升治理能力是我国高职教育领域改革迫切需要解决的重要课题；也是高职院校培育和提高自主办学能力，实现持续、健康和高质量发展的必然选择。

同时，伴随着我国全面稳步地推进创新发展驱动策略，经济发展朝着创新驱动、优化生态环境等方面发展。发展方式的调整与产业的创新发展，都将带来产业结构以及就业体系的变化发展，这必然需要更大规模的专业化人才。这就要求我们在高职教育上加大改革发展的力度，系统提高人力资源的素质水平，释放人才红利的真正价值，给长远稳定发展带来更多的人才支撑与技术保障。另外，对于当下转型阶段中就业困难与招工困难的问题，高职教育同样为十分关键的突破口，对缓解这两大难题具备重大的价值。纵观全球，全新的产业革命趋势不可逆转。在这一过程中，产业升级与生产要素的转型变化趋势愈加紧凑，对人类社会现有的生产、生活方式和传统产业结构产生了深远影响。尤其是伴随着人工智能技术的快速进步，及其在社会生产场合中的逐步运用，大幅度提升了人才市场的高技能人才需求。

高职教育若要和经济社会的前进方向保持一致，就必须立足社会和国家对高等职业教育内部改革的需求，借鉴国外已有的先进经验与做法，深入系统探究高等职业院校的内部治理改革问题，探索科学合理的内部治理模式、内部治理结构与紧切实际的院系管理办法，让内部治理充分发挥其应有的作用，更好地推动现代职业教育目标的实现。与此同时，还应使高职教育最大限度涵盖各个群体，与产业升级和结构调整相衔接，与普通教育、成人教育等其他类型教育相契合，深化办学方式，促进多元立体的管理体制构建。深度促进产教结合、校企结合，以学校为平台、以市场企业为载体，深入磨炼学生群体的职业技术水平，从而创建产教协同发展的理想局面。努力贯彻落实多元办学，强化方向指导，发挥好行政部门的推动作用，释放市场领域的引导价值，提升高职院校学生的就业质量与创新创业水平；为经济社会发展第一线培养具有全新能力的高素质应用型人才。

二、研究意义

高等教育和职业教育都有着悠久的历史和丰富的发展历程，但在我国，由高等教育和职业相结合而产生的高等职业教育却是一个年轻的事物。我国公立高等职业教育同其他大多数普通高等教育一样，长期实行的是以政府为主的一元化办学体制，内部治理方式相对滞后。随着我国经济生活各个领域的深化改革，一元化的办学体制和滞后的治理方式已不适应社会发展的要求，但是，高等职业教育应该怎么办，应该采取什么样的治理方式，在理论和实践上还有待创新完善。研究高等职业教育内部治理问题，不断厘清高职院校内部的领导权、行政决策权、民主监督权以及多方主体参与权之间的权责边界，对于丰富我国较为薄弱的高等职业教育理论研究，对构建具有现代高职院校特色的内部治理结构具有重要理论意义和实践意义。

（一）理论意义

构建现代意义的大学制度，是包括高职教育在内的，所有高等教育领域里的改革热点和难点问题。以公共管理的视角来研究公立高职院校内部治理结构的相关问题，是对现有公立高职院校内部权力关系研究的丰富。20世纪80年代，新公共管理理论来源于组织改革理论，而它的发展又孕育产生了治理理论，治理理论主张权力的多主体、多中心和协商式民主。将治理理论应用于高等职业院校内部各种权力的重置分配，是现代高职院校特色建设的需要，高职院校内部治理结构与其内部政治权力、行政权力、学术权力和民主权力的合理配置和有效运行关系密切。我国公立高职院校从诞生开始，内部管理采用的是普通本科高校的模式，如何对先前内部治理模式进行改革和创新，建立符合高职教育特点的内部治理结构，回归以学术权力为主的权力结构，是当前高职教育改革发展的核心问题之一。把公共治理理论、利益相关者理论和委托代理理论等管理理论应用于高职院校内部治理结构研究，对丰富管理理论在高职教育领域的运用，具有重要的理论指导意义。高等职业教育与普通高等教育是两种不同类型的教育，高等职业教育具有鲜明的职业性、实践性和技术性；而高职院校内部治理结构的研究能帮助我们梳理正确的职业教育观、掌握高职教育的演进规律、厘清高职院校的逻辑构成，推进现代高职院校内部制度的理论建构。

（二）实践意义

正确的理论来源于实践，实践也需要正确理论的指导。理论的缺乏常常导致实践的盲目，甚至进入误区。从实践层面考察，我国高等职业教育办学中存在许多实践问题，如"双师型"教师缺乏、资金投入不足以及实习难、实训难、校企合作难等。归结起来，都是办学治理体制引起的或是与之相关联的问题。例如，校企合作难是典型的办学治理问题，若没有科学的校企合作理论，校企合作就只能是自发式的实践，因此学校与企业之间必然会产生许多不可避免的矛盾。此外，实践方面还应该借鉴经济发达国家高等职业教育办学治理体制的成功实践经验，吸取国外高等职业教育的优点和长处，为我所用。高等职业教育横跨高等教育和职业教育两大领域，与政府、产业、企业、社会等诸多因素存在密切的联系，因此，高职教育的治理必须从大职业教育观的视角出发，结合办学体制改革实际来进行综合研究。只有坚持办学治理理论和实践探索以及创新，才能不断提高我国公立高职院校的内部治理能力。加快发展现代职业教育的关键之举是对公立高职院校内部治理体制进行改革完善。因此，要严格梳理公立高职院校内部横向和纵向各种权利关系及职责边界，即构建合理的内部治理结构。目前，我国公立高职院校大都采用"党委领导、校长负责、教授治学、民主管理"的方式管理；由于高职院校发展历史较短，在实际管理中，有相当一部分高职院校既没有形成具体明确、可操作性强的运行制度和与之配套的具体措施；在治理主体上，也没有体现吸纳行业、企业等多元共治的职业教育特点，导致高职院校内部权力交错、重叠、缺位等现象比较严重。本书总结、提炼和反思了高职院校内部治理领域存在的问题，对高职院校进一步深化内部治理改革做出了整体构想，在完善治理结构与治理体系、建构良好的运行机制和制度上做足了文章、下足了功夫；进而在实践方面为高职院校推进以内部管理体制改革为核心的治理改革起到了规范与指导作用；为高职院校完善治理体系、提升治理能力提供了实践借鉴。

第二节　核心概念界定

一、公办高职院校

高职院校主要承担着技术型人才培养、应用型科学研究和服务社会的职能，具有高等教育和职业教育的双重属性，是我国普通高等教育的重要组成部分。在我国，高职院校一般为专科层次。根据投资主体的不同，我国高职院校可以分为公办、民办、混合所有制等类型。公办高职院校是指由政府作为主要投资主体建立的高职院校。公办高职院校和民办高职院校在投资主体、办学目标、管理制度上存在诸多差异，治理结构、治理体系、治理方式和手段等方面也有所不同。本书主要关注公办高等职业院校与混合所有制高职院校的内部治理问题，并将公办高等职业院校简称为"高职院校"。

二、混合所有制高职院校

混合所有制引用到教育领域，不是单纯的生搬硬套，而是有一定的有限条件与外围环境。在混合所有制高职院校改革中，所谓的混合所有制中的"混合"要素有一定的限制，其本质属性即"院校所有制"，混合所有制高职院校的本质属性应该有两点，这种所有制指的就是"生产资料所有制"，判断标准是生产资料归属问题。"混合所有制高职院校"，指的是一种主体隶属公有或非公有所有制，能以新组织联合所有制形态为主，将国有资本、集体资本、非公有资本等形式，形成法人化新型高职院校，以融合形态在市场中运行。

统整"混合所有制"与"高职院校"，混合所有制高职院校的内涵即由股份制企业、私营企业或外商投资企业等为代表的团体或个人通过资本、知识、技术、管理、设备等，将各类资源要素投资到高职院校中，这会对其产权结构造成直接影响，可以说是革命性变化。这就是国家单一所有制主体办学模式，向多个所有制经济主体转型，这是一种由单一投资转变为多元投资的过程，能共同对高职院校进行决策、评估、管理，有利于新型办学主体的升级与进步，对现代产权制度结合现代学校制度来说，有很好的法人治理组织建构能力。

三、治理、治理体系与治理能力

20世纪90年代，全球治理委员会（Commission on Global Governance）对治理进行了概念界定，指出"治理是个人或组织、公共部门或私有部门管理其一般事务的多种方式的总和。它是一个使冲突和多元利益得到妥协并采取合作行为的持续过程"。

在政治学领域，治理不同于统治，其区别主要表现在：第一，统治是政府单方面行为，而治理是政府与其他各种社会组织之间的共同行为；第二，统治强调强制性，而治理更加强调协作性；第三，统治的权力运行是自上而下的，而治理也可以是平行的；第四，统治以政府的权力范围为边界，而治理以公共领域为边界。在管理学领域，治理不同于管理。具体表现在：第一，管理是对既定目标的实现，而治理是协调多元利益主体之间的利益；第二，管理强调决策落实的计划、控制与协调，而治理强调明确职责、科学决策、民主监督；第三，管理主要依据内部层级关系进行，而治理依据的是法律法规。在职业教育领域，研究者孙翠香通过对"治理"一词的历史渊源及词义的分析，指出治理具有四个核心要素：第一，治理既包含静态的理念、法规与制度等，也包含动态的协商、运行与实施等行为；第二，治理是多元治理主体之间的协商与合作，相关的法律法规、制度规范是其基础；第三，治理的对象是社会公共领域的公共利益问题，治理的目标是提升某个社会组织或机构的效率，以达到增进公共利益的目的。治理由治理目标、治理主体、治理机制、治理效果、监督与评估等要素构成。研究者徐桂庭也从治理的构成要素出发对其进行了界定，她认为治理由治理主体、治理内容、治理结构、治理机制四个方面组成，通过以规则、合规、问责为核心的制度来协调这个治理主体之间的关系，治理的目标是实现决策的科学化与民主化。基于以上研究者的观点，可以认为治理包含治理目标、治理主体、治理机制以及监督机制等核心要素。治理目标是使公共领域的公共利益最大化，治理主体是各利益主体，治理机制包括一系列的法律法规、制度、规范等以及为实现治理目标所采用的手段和方法。治理兼具静态的制度体系和动态的运行体系，而且是一个持续改进的过程。

从政治学视角看，治理能力实际上是从治理体系转化而来的，治理体系与治理能力是一物两面，两者之间是相互依存、相互促进的关系。若没有科学完善的国家治理体系就不可能提高国家治理能力；反之，国家的治理能力不断提高，可以促进国家治理体系的完善。从管理学视角看，治理体系与治理能力相辅相成，缺一不可。治理体系是进行有效治理的、相互协调的制度体系，包含法律法规、体制机制等。治理能力是运用制度体系管理的能力，也可以理解为制度的执行力。治理体系包含自上而下的管理，也包含自下而上的自治，强调各个利益主体可以根据制度体系实施治理行为。通常来说，只有不断完善治理体系才能提高治理能力，只有提高治理能力才能充分发挥治理体系的效能。可见，治理体系与治理能力是治理这一行为主体的两个方面，两者相互依存。治理体系以制度建设为核心，治理能力是有效执行治理体系的能力。治理体系的构建是提升治理能力的基础，而治理能力的提升反过来又会优化治理体系。

四、高职院校管理与高职院校治理

周三多的《管理学》对管理的定义：管理即组织为了实现个体难以实现的目标，借助不同形式的职能活动，科学分配与调度资源的全部过程。管理是一种基础性的实践活动，治理机制属于对管理模式的积极补充，在进入20世纪80年代以后才逐渐进入人们视野。由此推断管理是早于治理产生的。世界治理委员会组织于1995年在《全球伙伴关系》的文件中指出："治理是个人组织或者公共机构、私人机构等共同对特定事物进行管理和控制的不同方式的相加之和，其能够让多元利益在矛盾状态下实现妥协，从而维持后续合作稳定的过程"，这说明了相比管理的由上至下的单向路径，治理是双向的，同时也是一个连续的行为。

"管理"与"治理"尽管只差一个字，但其内涵有很大区别。高职院校治理主体一般包括各利益相关者，客体是人和组织，治理中心是学校内外部，导向是战略导向，目标是实现利益相关者的责、权、利平衡，治理手段包括内部治理机制和外部治理机制，沟通方向是双向的；高职院校管理的主体是管理者，客体是各类资源，管理中心是学校内部，导向是任务导向，目标是实现教学、科研、人事等既定目标，手段一般包括计划、组织、指挥、协调、控制等方面，沟通方向一般是单向的。

五、大学内部管理体制与大学内部治理体系

大学治理是实现大学功能的过程和活动，而大学内部的治理体系则是大学治理活动的基本载体，是在大学内部实现"善治"的手段和方法，是不同于传统大学内部管理的体制创新和机制创新。从传统意义上讲，管理体制主要是指管理系统的结构和组成方式，是为了实现管理目标而采取的具体的管理形式。"大学内部的管理体制"简单理解就是关于大学内部管理权限划分、管理机构设置以及机构间隶属关系等结构和组成方式的总称，主要涉及大学内部的权力结构、决策体制以及组织形式三个方面的内容，其核心是大学内部的正式制度体系。传统的大学内部管理体制，特别是公立高校内部的管理体制，通常是建立在科学管理主义基础上，以提高管理效率为基本目标，以"科层制"组织结构为基本的组织形式，以基于大学内部权力结构的领导体制、决策体制和执行体制等正式制度性约束为核心的大学内部管理模式。不难看出，传统的大学内部管理体制与大学治理有明显的区别，从价值和追求方面来看，大学内部管理体制追求的目标是管理的效率，而治理关注的则是大学作为人类社会特殊学术组织的整体效能。从功能和作用方面来看，大学内部管理体制的主要作用是建立和运行大学内部的正式制度约束体系，强调按章办事和上下层级间的命令与服从；

而治理不仅关注正式制度和正式制度下的正式约束，同时，也更多地关注非正式制度和非正式约束，特别强调不同的利益主体间沟通、协调与合作机制。

可以将"大学内部治理体系"理解为：为了实现大学的"善治"目标，以现代大学精神和价值为导向，以制度设计和制度安排为主要手段，以多主体民主参与以及协同合作为基本运行逻辑，包括正式制度约束和有效的非正式约束两个方面内容的大学规则和秩序体系。不难看出，"大学内部治理体系"与传统的"大学内部管理体制"的相同点是都带有明确的工具理性倾向，都是实现大学内部科学管理的基本模式和具体方法；而相较于"大学内部管理体制"而言，"大学内部治理体系"的价值追求更为全面，制度构成更为宽泛，行动方式更为多样，是在"协同共治"理念观照下，系统和完整地实现大学"善治"的主要途径和重要方法。

第三节　研究的理论基础

一、公共治理理论

公共治理理论指的是希望政府简政放权，明确政府管理的边界，减轻政府负担，免于整天疲于应付，做自己应该做和能够做的事；在社会秩序方面，不苛求自上而下、等级分明的科层管理模式，而重视社会各组织之间的平等对话，组织主体之间形成网络合作关系的一系列理论。关于这一理论学者们有不同的观点，持质疑观点的学者认为中国社会目前实现公共治理的条件不成熟，机制不健全，主要体现在以下方面：市场经济体制、民主法治建设、多元管理主体本身等；持支持者观点的学者认为，引入公共治理理念和方法能够在运行过程中带来积极效用，在一定程度上完善了体制机制，其积极意义更多来自过程运行所释放的促进作用。

二、利益相关者理论

利益相关者理论是西方经济学家在研究公司治理时提出来的，随着社会的进步，学者在企业领域又广泛运用该理论解决企业涉及的社会责任问题。弗里曼（Freeman）在其著作《战略管理：利益相关者管理的分析方法》中，首次提出了这个理论。该理论的具体含义是企业内部有多个利益相关者，每个利益相关者的利益诉求往往不同，为了在各利益相关者的诉求中达到综合平衡，企业经营管理者所采取的有针对性的系列管理活动。利益相关者共同治理理论认为，一个组织，只要不是单一组织，它的发展就离不开利益相关者的投入或参与，而不同的利益相关者对自身的利益、对组织的目标实现各有自己的主张，只有建立共同治理的体制和机制，通过相互之间的沟通、合作和制约，实现不同价值、利益和权力平衡，才能充分发挥每个人的作用，最大限度地实现个人利益和组织目标，"组织的生存和发展依赖于其对各利益相关者要求回应的质量。"因此，组织应追求利益相关者的整体利益，而不仅是某些主体的利益，组织治理必须由利益相关者共同实施。

大部分早期企业管理思想的原则是股东利益至上，而利益相关者理论的进步之处是认为企业不能只为某些主体的利益服务，因为企业是个利益多元组织，不同利益相关者之间利益关系错综复杂，生存和长远发展依赖于各个参与投入者，企业应兼顾每个利益者，设法满足所有相关者的整体利益，实现共享共赢。企业的利益相关者包括两大类：一类是投资者、供应商、员工、债权人、顾客等；另一类是政府、本地居民、环保主义者、传媒等压力集团，同时，还涉及企业在经营活动中直接或间接影响到的客体，如人类后代、自然环境等。在企业的经营活动中，这些利益相关者所承担的责任有所不同，有的负责承担企业经营风险，有的监督制约企业经营管理活动等，因此，对这些相关者利益，企业需要设计一套制度体系。该体系应用于经营决策活动中，能兼顾相关者利益并接受其监督约束。从这个角度讲，这种制度体系不能只考虑股东的利益；企业对包括股东在内的其他各相关者利益诉求的兼顾包容程度，决定了企业的生存和发展。

大学是典型的利益相关者组织，利益相关者共同治理理论在大学的应用已有二十多年的历史。理论研究表明："不管各个国家大学治理的起点如何，政治经济体制和文化有多大差异，不同国家大学治理都要朝着共同治理变化，现代大学共同治理不是主观选择的结果，而是大学发展的内在要求。"在实践层面，美国、英国、法国、德国、意大利和日本等国的大学，普遍采用与公司治理结构相似的董事会（理事会、校务委员会）领导下的校长负责制，依据利益相关者的性质和利益诉求，合理分配权力，制定治理政策，发挥他们在学校治理中的作用，其在世界高等教育领域的领先地位愈发巩固。理论和实践都证明，利益相关者共同治理是大学治理结构发展的不二趋势，利益相关者参与高职院校管理不但是学校的民主性使然，同时也对完善学校内部结构、降低管理成本、改善外部环境起到了积极作用。利益相关者理论是公立高等职业院校治理结构的重要理论基础。公立高等职业院校作为一个法人组织，同样也存在诸多利益相关者，例如政府机构教育部门、学校校长、中层管理者以及专职教师、学生及学生家长、行业企业用人单位等，他们通过对高职院校的举办、筹建、运行、管理等直接或间接产生影响；同时，每个利益相关者也存在个人或者团体的利益诉求。因此，合理运用利益相关者理论对公立高职院校的利益相关者进行分析并找到他们的核心利益诉求，是进行公立高职院校治理结构研究的重点。

三、委托—代理理论

"委托—代理理论"是商品经济发展到一定阶段的产物。20世纪30年代，当时的企业雇主既是所有者也是经营者，美国经济学家伯利和米恩斯认为企业雇主一人分饰两角的情况容易引发运行管理不善,"委托—代理理论"应运而生。该理论提倡两权分离,分离企业经营权和所有权,企业所有者让出企业的经营权,保留剩余价值索取权。现代公司内部治理的逻辑起点就是"委托—代理理论"。

而委托—代理理论的产生源于委托—代理关系。随着社会经济发展,专业化程度越来越高,社会生产环境的变化促使委托—代理关系产生。这种社会关系下,代理人因具备在某个行业领域相对优势的技能水平,或者专业信息知识,而代表委托人的利益做出决策或采取行动,则代理关系就随之产生了。

在现代社会中,委托—代理关系普遍存在于经济社会发展中的各个领域之间、各种行业对象之间。如政府与国企经理、选民与官员、病人与医生等社会各方面,研究彼此之间影响力最大的激励因素,从而设计理想的行之有效的激励机制。高等职业院校是一个重要的社会组织,具有委托—代理关系。如何激励高职院校校长履职,如何激励教职员工更好地为学校工作,都是值得研究的问题。政府和社会兴办了高职院校,但政府和社会不可能直接管理学校,因此,世界各国基本都采用委托—代理模式。在我国现代大学制度建设中,委托—代理制度也无疑是我国解决政府与公立高职院校,以及公立高职院校内部上级与下级关系的主要形式。《国家中长期教育改革与发展规划纲要(2010—2020年)》第三十八条规定,要"推进政校分开、管办分离。适应中国国情和时代要求,建设依法办学、自主管理、民主监督、社会参与的现代学校制度,构建政府、学校、社会之间的新型关系。适应国家行政管理体制改革要求,明确政府管理权限和职责,明确各级各类学校办学权利和责任。探索适应不同类型教育和人才成长的学校管理体制与办学模式,避免千校一面"。这正体现了委托代理精神。

四、教育消费理论

我国学者对教育消费的定义并未取得一致。金泽平(1998)研究认为，教育消费是现代社会人们所必需的一种特殊消费活动，是满足人们对教育需要的消费，教育消费的产品——知识、技能等都是看不见、摸不着的，是人类社会思维的产物，但能增进人们的知识、技能、身体健康以及形成和改变人们的思想意识。有的学者研究认为，教育消费是居民消耗教育服务及其产品的费用支出。李福华（2008）认为，教育消费是学生本人及其家庭用于接受高等教育方面的各种货币性支出。郭强（2004）认为，教育消费分为广义和狭义两种，广义的高等教育消费是指受教育者本人及其家庭为获取知识或技能而接受正规的高等学校教育，并为此付出的各种货币性支出和非货币性支出。比如用于教育方面的各种货币支出以及付出的包括脑力、体力等在内的非货币性支出。狭义的高等教育消费只包含上述过程中的所有货币性支出。随着我国高等教育体制改革的不断深入，高等学校和大学生的关系已不仅是传统意义上的教育者和受教育者的关系，而且是一种教育服务提供者和教育服务消费者的关系。随着高等教育投资主体多元化和学生就业充分市场化的进程，我国建立了教育成本补偿制度和毕业生就业市场化机制。学生及其父母与学校的关系应该是基于平等、自由的原则缔结的教育契约关系。在这种契约关系中，作为教育服务消费者的大学生处于相对弱势的地位，因此在高职院校治理过程中应当采取一系列制度和措施保护大学生的合法权益。

五、秩序生成理论

"治理"从词源上分析，最早源于古拉丁文和希腊语，原意是控制、引导和操纵，也与统治的意思较为接近，由于学术界介绍和讨论治理的文章往往都以治理的语言学释义作为起点，其内容也早为广大学者所熟知。

一般认为，治理理论主要源于由英国哲学家卡尔·波兰尼提出并由哈耶克发展完善的"自发秩序"思想，而对这一思想做出实证贡献和理论发展的代表人物则是美国学者奥斯特罗姆夫妇，他们也被视为治理理论的主要奠基者之一。奥斯特罗姆在对大量"公共池塘"问题的实证研究基础上,提出了颇具影响的公共池塘资源治理之道,即公共事务的自主组织与治理的集体行动原理,其核心就是一群相互依存的人们如何把自己组织起来,进行有效的自主管理,并通过自主努力克服搭便车、回避责任或机会主义诱惑等问题,取得持久性的共同利益实现理论。自组织治理作为一种全新的秩序生成机制,明显超越了一般经典理论的范畴。传统理论认为秩序实现存在两种模式:一是市场式的基于博弈的无组织有秩序的"自发模式";二是科层制的有组织有秩序的"人为模式",而自组织理论则认为还存在一种基于合作与协调的无权威有秩序的"人为模式",即治理模式。换言之,社会秩序的生成,除了市场模式这只"看不见的手"和政府模式这只"看得见的手"之外,还存在着需要借助外部力量来发挥作用的"另一只手"。因此,也可将"治理模式"称为"诱导式的人为秩序模式",治理的核心指向还是良好的社会秩序。治理的相关研究不仅在理论上揭示了公共领域"另一只看不见的手"的运行逻辑,调和了新自由主义与国家主义之间的矛盾,超越了市场与国家之间一直以来的抽象对立,也为在现实层面寻找政府与市场之外解决公共问题的新方法提供了前所未有的新思路。

"自发秩序"和"自组织治理"作为治理理论的渊源和理论基础,不仅深刻影响了后来各种治理理论的创设和发展,更作为治理的内在逻辑而被其他治理理论继承下来,成为公共"治理"的主要理论特征以及区别于传统"管理"的重要标志。一方面,"自发秩序"体现了"治理"相较于"管理"对于社会秩序形成机制新的追问,而两者逻辑起点的差别则聚焦在秩序生成机制上的不同主张。"管理"强调对人为秩序的关注,认为国家权力的保障是实现社会良好秩序的基本前提;而"治理"关注的却是社会秩序的自然生成,认为社会秩序也可以通过非强制力和非正式约束的方式得以实现。另一方面,"自组织治理"相较于"市场自发秩序"而言,其在制度与秩序两者间的逻辑关系上也存在明显区别。治理理论认为,社会的"自组织治理"必须依靠正式或者非正式的制度约束才能真正形成；而"市场自发秩序"则认为，市场本身就具有形成良好秩序和有效资源配置的内在逻辑，市场体制下的制度设计，只是为了保障市场机制能够得到充分的发挥，即治理模式与市场模式虽然都承认有一种"自发秩序"的存在，但是对于制度的态度则完全不同。治理认为，制度是"自发秩序"形成的根本性前提，而新自由主义则认为，制度只是"市场自发秩序"得以发挥作用的重要保障。

治理理论的内在逻辑既生根于基于"经济人"假设的市场逻辑，更依附于国家强制力保障的政府逻辑，如果说市场的行为逻辑特征是"自发"性的，政府的行为逻辑特征是"强制"性的，那么治理的行为逻辑就应该是在社会规则保障下以"自愿"为基础的"默契合作"。这种"默契合作"行为的目标直接指向良好的社会秩序和最大化的社会公益，而整体合作秩序的生成必须依靠有效的制度设计和制度安排才能够真正得以实现。

第四节　研究现状综述

一、国内研究简述

（一）关于我国高职院校治理结构的研究

客观而言，国内学者对普通本科高校内部治理的相关问题研究较多，而对高职院校内部治理结构的专门研究重视度还不高，相关的专著更少。目前，以高职院校内部治理结构为研究对象的文献资料主要集中于学术期刊。如李宏昌（2015）在《高职院校内部治理结构改革与创新问题探讨》中指出，中国高职院校当下已经放弃盲目扩大规模的发展方式，转向注重内涵发展模式。为了高职教育更好的发展，高职院校要健全内部治理结构,这既需要国家出台相关政策进行"顶层设计",同时也需要高职院校内部自我管理的改革与创新。如有的学者(2016)以法人治理理论、委托代理理论以及多中心治理理论为理论基础,认为高等职业教育的治理结构是指高职院校为协调各利益主体之间的关系而制定的一系列制度或者机制,并且提出在高等职业教育治理改革的过程中要充分保障高职院校的办学自主权、吸纳多方利益主体的参与、提升学术权力的地位。

有的学者(2006)通过研究指出,从总体上看我国在高等院校的权力分配与设定上也应该更多地考虑分权的方向,校级职能机构需要发展为服务性质的部门,在院校内部考虑实施"系—所—中心"分层制度,同时强化外部监督管控,全面实施院长负责制。有的研究者(2011)细致研究了我国地方高校治理结构的现状,提出地方高校应加强推进院、系(部)二级管理,保证学校治理的科学民主。有的研究者(2010)对职业院校内部治理能力不足的弊端进行分析后,提出民主科学化的决策、法制化的实施、客观化的分析等是提升地方职业院校内部治理结构的有效途径。

有的研究者(2018)通过梳理我国改革开放以来的职业教育相关政策,提出我国职业院校的治理结构经历了从校长负责制初步建设,到校长负责制不断完善的过程。在整个职业教育治理结构的变迁过程中,始终坚持党的政治核心领导,逐步对校长负责制进行完善,并且加强了民主监督机制的建设,更注重多元治理主体共同参与治理。有的学者(2016)在优化高职院校内部治理结构方面提出,首先,要对学校进行合理定位,以服务区域经济社会发展为本;其次,要优化治理结构、完善运行机制;最后,要精简学校的组织机构,将权力重心下移。通过这些改革,高职院校可以健康、可持续地运行。有的研究者(2016)提出,高职院校要建立对治理结构调整和完善的评价体系,这是非常重要的保障措施。根据高职院校治理对象的不同,将其治理结构的评价指标体系分为内部评价指标体系、外部评价指标体系。在开展高职院校治理结构评价时,应尽量使其科学化、合理化和客观化。张文远和刘爱萍（2015）在《分权与制衡：高职院校内部治理的重要着力点》一文中指出，高职院校内部治理存在领导权和监督权失衡，有时会出现两个"一把手"的现象；学术权与行政权失衡，滋长了高职院校内部的不正之风；缺乏有效的权力监督制约机制，民主监督管理流于形式；权责分配不合理，服务意识差四方面问题。因此，做好高校内部治理的核心就在于处理好分权与制衡的关系，这就要求高职院校在内部治理上要转变管理理念，明确价值定位和管理框架；整合管理部门，促进管理人员素质的提高；实现二元交融互补，重建校内权力机构；推行民主管理，充分发挥学术权力的作用。母中旭（2015）在《高职院校利益相关者多元内部治理结构探究》中梳理了高职院校内部的政治权力、行政权力和学术权力等各种权力的关系，分析了高职院校的治理理论和治理文化，指出高职院校是一种明显的涉及多元利益相关者共治的组织，高职院校要建立符合现代职业教育特征的、有相关利益者参与的多元内部治理结构。孙云志（2014）在《"有限主导—合作共治"：高职院校治理模式的新路径》中指出，"府管校办"是高职院校治理的一种传统的模式，但面对社会经济转型与产业升级，这种旧模式的弊端不断显现，出现了政府对公立高职院校关注不够、拨款不足、高职院校内部治理体制机制不健全、与相关治理主体权限界定模糊以及对高职院校具有职业教育特色的制度供给缺位等问题。为此，我国高职院校治理模式迫切需要改革和创新，要面向未来，探索实施"有限主导—合作共治"的新治理模式。

（二）关于我国高职院校治理体系与治理能力的研究

高职教育治理是高职院校治理的上位概念，在分析高职院校治理体系与治理能力现代化内涵时，有必要先对职业教育治理体系与治理能力的内涵进行研究。例如，有的研究者（2014）认为，职业教育治理体系分为内部与外部两个方面，内部治理是多元利益主体之间利益的重新调整与分配，外部治理是职业教育机构与政府、市场、社会之间的关系协调。职业教育治理能力现代化就是通过一定的方法与手段处理好政府、市场、社会与职业教育机构之间的关系。有的学者（2018）研究认为，高职院校治理体系是高职院校自身为实现教育目标而制定的一系列教育制度或方法，包含治理体制、规章制度等内容。

有的研究者（2019）认为，高职院校治理体系现代化的具体内涵体现在三个方面：规范的制度、合理的结构和充分的绩效。其中，规范的制度是基础，合理的结构是支柱，充分的绩效是特征。关于高职院校治理能力现代化内涵的研究，有的研究者（2015）认为，高职院校治理能力的现代化是其自身为适应现代社会发展的要求，以治理体系为依据，借助制度、机制、政策等因素，促使高职院校多元治理能力保持协调进步、务实高效的一种趋向与动态过程。又如李强在《职业院校内部治理能力提升研究》（2017）中，对职业院校内部治理能力不足等问题进行深入剖析，提出要做到四化，即民主科学化的决策、公开法治化的执行、客观标准化的评价以及严格规范化的监督，要通过完善"党委领导、校长办学、教授治学、民主监督、社会参与"的内部治理结构，进一步提升职业院校内部治理能力。

（三）不同理论视角下的高职院校内部治理研究

当前学术界基于不同的理论、从不同的视角对我国高职院校的内部治理改革进行了较深入的研究。郭静（2016）从新制度主义的理论视角出发，以在国家教育行政学院参加培训的第 50 期高职院校领导干部为研究对象，通过问卷、当面访谈和座谈相结合的方式，就高职院校治理能力提升存在的制度困境进行研究。提炼总结认为高职院校要提升其治理能力，一是需要在法人制度、组织制度和管理制度方面加强正式制度建设，二是需要在社会文化、大众认识和个人观念层面健全非正式制度。有的学者（2016）基于权变理论的开放性、动态性、整体性和整合性等特点及高职教育的跨界属性、治理目标等实际，从权变理论视角出发，分析了该理论运用于一流高职院校建设的可行性，提出了包括建构长效化开放型的校企合作机制、建设扁平化动态型的内部组织体系、培养灵活化高素质型的管理服务队伍以及形成以人为本的工作机制和校园文化在内的治理策略，旨在为高职院校治理实践提供借鉴。还有的研究者（2018）运用复杂性理论对高职院校组织系统内外部要素进行分析，认为高职院校是一个开放、远离平衡态的耗散结构系统；是一个多层次、超循环结构的分形系统；是一个具有文化基因、不断进化的自组织系统。在此基础上，他们提出了高职院校治理结构改革的三个策略：主动融入社会经济发展，建立起耗散结构系统；厘清组织内外权责关系，形成超循环系统；充分运用内外信息资源，触发"巨涨落"突变。

二、国外研究简述

世界各国都在探索高职教育发展的理想模式和有效路径，许多发达国家认识到，职业院校是为国家各产业发展提供后备人才的重要基地；发达的高等职业教育，是一个国家先进的科学技术顺利转化为生产力，促使国家经济较快发展的重要保障。研究借鉴发达国家的高等职业教育及其内部治理特点，对完善我国公立高等职业教育的内部治理结构具有十分重要的借鉴意义。基于此，许多学者对发达国家高职院校的内部治理经验进行了分析。李福华（2008）围绕西方国家在大学治理方面的历史发展与实际状况进行研究，经过充分整理和总结后，了解到其大学治理通常为三种模式：美国为典型的学术行政保持分离的模式，两者之间是独立和互不影响的关系；法国为典型的两者分离，但是行政权力更大的模式；英国为典型的两者分离，但是学术更加重要的模式。

有的研究者（2018）从德国职业教育双元治理结构体系、学徒制运行、行会作用三个维度进行阐述，介绍了德国职业教育治理的经验，主要有健全的法律体系与相关条例，政府、行会、企业、院校等多方利益主体的职责，多方利益主体共同参与的职业教育决策机构等。这些维度共同构成了德国双元制职业教育治理结构，是其职业教育健康持续发展的关键因素。李洪渠、石芬芳（2014）在《德国职业院校管理及对我国高职院校管理创新的启示》中指出，德国职业院校内部治理结构精简，但是职能完善，其特点是"小行政、大学校"。校长采取公开招聘的形式，主要承担筹资和学术工作；每个职业学校都配有一个有公务员编制的副校长，主要承担日常教学管理工作，并且这名副校长职务没有任期限制。学校下设多个院系，负责具体工作的落实。学校的行政部门和人员相对较少，学校的行政保卫、学生服务、财务管理以及对外合作等工作，由若干秘书负责；学校员工主要由教授、教师和实训工程师组成，大多数教师有2/3的时间用于教学，剩下1/3的时间用于参与承担学校管理和其他事务性工作。学校的后勤服务全部向社会外包，学生自行解决住宿问题。从整体上看，学校的教学、行政、后勤服务等各项职能齐全，以岗定人，功能完备。此外，还有的研究者（2016）分析后提出，德国高等职业院校的内部治理架构分为重大事务决策层、行政事务执行层和教学及研究事务实施层三个层次，每个层次由若干个委员会或职能部门来组成，并且分工明确。德国应用技术大学的重大事务决策机构是"校务委员会"，与此不同的是，德国各职业学院的重大事务决策机构是"董事会"（或称"管理委员会"）。在行政事务执行层面，德国应用技术大学成立了由校长和副校长、行政总监组成的"校长委员会"，负责学校的运行。教学及研究事务主要是由专业系及其下设的教学、科研一体化机构来完成。

孙晓庆（2015）对澳大利亚职业教育办学实体最具代表性的TAFE学院（技术与继续教育学院）的内部治理进行了探究，分析后指出，董事会是其最高权力机构，决定学校的发展战略、办学宗旨和办学方向；校长是学校的首席执行官和法人代表，由董事会任命，并对董事会负责。董事会下设校务委员会、学术委员会等机构，各专门委员会按照职责权限行使权力，对董事会负责。总体来看，澳大利亚TAFE学院的特点就是治理结构设置合理、职能权限划分明晰，各权力主体在运行过程中相互制衡。买琳燕（2017）研究指出，美国社区学院的治理结构分为外部治理结构和内部治理结构。外部治理结构主要是指美国联邦政府、州政府和社区之间的分立与制衡关系；内部治理结构则主要是对内部各利益相关者的权力与关系进行协调、制衡的一系列制度，形成董事会、校长与各委员会机构之间的权力分立与制衡态势。董事会具有统筹、协调权力，校长具有行政事务权力，各委员会机构则具有对事务的意见建议权力。

英国职业教育制度分工明确，在需求、管理、监督等环节都有相应的机构，建立了教育质量保障体系。市场机制在职业教育领域发挥了重要作用，为实现以能力为本的终身教育体系，开发了上下贯通的资格标准制度。曹俊明在研究中（2014）介绍到：英国高职院校在教学管理上采取的是"三明治"工读交替模式，西方的"三权分立"在英国高职院校的内部管理体制上体现得较为明显。高职院校的机构设置有校理事会、学术评议会以及校务委员会等。社会名流一般以名誉身份出席担任校长的职位，但实际不参与高职院校校务的管理工作。下设副校长，负责学校的行政工作。高职院校的学术评议会负责学校的学术、教学和科研等工作的开展，是学校学术相关工作的最高管理机构。20世纪以来，芬兰在科技创新和职业教育领域取得了长足的发展。高职院校作为芬兰高校的一大类，具有学士和硕士学位授予权，与企业联系紧密，教学内容侧重于职业培训、技术的应用，强调实际经验的积累。在学校运作模式上奉行的原则是：国家顶层督导、地方政府执行、高职院校自主管理、层层负责以及学术自由。学校开设的专业门类紧跟学科发展，反映就业需求，重视学生综合能力的培养。不少学者对芬兰的高职教育治理经验进行了探析，如谢立三（2006）对芬兰高等职业技术教育改革的亮点做法进行了梳理总结并研究指出，芬兰职业院校的内部治理采用多方参与运行的共同治理模式。出资创办方由政府（地方市政当局、市政当局联盟）、企业（公有或私有公司、基金会）等组成，并负责其运行。成立股东大会，所有出资人即为股东，股东大会下设理事会，理事会下设行政执行机构，理事会的主要职能是制定学校发展战略规划、确定学校管理规章制度、制定年度预算、聘任学校校长及其他岗位工作人员，对股东大会负责，日常事务交由行政执行机构负责。芬兰高职院校在内部管理上权责分明，再结合有效的外部评估机制，构成了科学的治理结构，因此表现出了较高的管理效能。

三、简要述评

目前，我国对高职院校内部治理结构的研究主要集中于初步制度设计和理论构想、高职院校治理结构的变迁历程、价值取向、存在的问题、优化及评价等理论层面，实证研究较少；提出改革方向较多，具体实施步骤探讨得较少；研究行政权力与学术权力协调关系较多，研究其他权力关系的较少；考虑我国国情和高职教育具体环境而进行的研究也较少；研究成果多是侧重内部治理结构的某一方面或仅有浅层研究，缺乏对公立高职院校与混合所有制高职院校内部治理结构的系统思维和深入研究；从已有研究的研究方法来看，大部分研究者采用文献法，从理论层面建构高职院校的治理能力的内涵及路径；极少数研究者采用个案研究的方法针对某个学校探讨高职院校治理能力的建设，大范围推广的可能性不大。

第二章 高职院校内部治理现状及存在的问题

我国公办高职院校自成立以来，内部治理结构不断完善、治理水平与治理能力不断提高，特别自国家2013年提出"推进国家治理体系与治理能力现代化"以来，高职院校的内部治理改革取得了显著的成绩。从当前高职院校人才培养的质量难以满足新时代经济社会发展的需求、高职教育链与产业链"错位"等问题产生的原因来看，高职院校的内部治理存在的矛盾与冲突是其中一个重要因素。

第一节 我国高职院校内部治理的现状

一、我国高职院校内部治理的模式

我国高职院校现行领导体制是党委领导下的校长负责制。《中华人民共和国高等教育法》（以下简称《高等教育法》）《中华人民共和国教师法》（以下简称《教师法》）中都做了相关规定。这也就意味着，我国高职院校内部治理的模式是党委领导下的校长负责制，党委书记和校长一般由省委组织部任命，行政级别一般是副厅级；党委副书记、副校长、纪委书记等校级领导由市委组织部或教育厅任命，行政级别一般是正处级。学校内有党委一把手和行政一把手，《高等教育法》明确了党委领导主要是指"执行中国共产党的路线、方针、政策，坚持社会主义办学方向，领导学校的思想政治工作和德育工作，讨论决定学校内部组织机构的设置和内部组织机构负责人的人选，讨论决定学校的改革、发展和基本管理制度等重大事项，保证以培养人才为中心的各项任务的完成"。学校基层党委的班长是党委书记，如果校长是中共党员，那么一般兼任党委副书记，是党委班子的核心成员。校长作为行政一把手，对校内行政事务负全部责任。学校层面集体议事主要通过党委会、校长办公会、党政联席会三种形式来实施。这三种形式的会议各自议事的范围、议事规则由各院校自行确定，有的学校以文件的形式做出具体的制度规定，有的学校依据具体事由由党委书记和校长协商确定。前者都是用文件方式固定下来的，不因党委行政一把手的交替而变化，党委行政班子成员多能维护制度的严肃性、连续性和规范性。后者因受领导者个人的素质、情绪、偏好等的影响导致灵活性很大、随意性也很大，制度缺乏连续性。党委委员、副校长的分工、排名顺序由党委书记和校长决定，有的也根据组织部任命文件中的排名顺序来排名。这种治理模式在很大程度上突显了官本位、行政本位和高度集中的管理体制。

二、我国高职院校机构设置和职能定位

我国高职院校一般实行校、院（系）两级管理体制，院（系）则以专业或相关专业为单位组建教研室，从事人才培养、科学研究、社会服务和文化传承创新等业务活动。校一级则设立若干行政部门，校一级行政职能除由多名副校长协助校长执行外，各种具体管理工作主要由若干行政管理部门实施；公立高职院校校长及其所领导的校务会或校长办公会是学校的最高执行机关，全面负责学校的教学、科学研究和其他行政管理工作。各院系分别设立院长（系主任）、书记，全面负责各院系的教学和行政等工作。在这种体制下，校一级是学校决策中心，对学校进行宏观调控、规划、管理和协调；各个院系则是在学校的领导下，集教学、科研、行政和学生工作等为一体的实体性管理执行机构和基层学术管理机构于一身，主要是在学校领导下，贯彻实施学校的方针和计划方案，做好本院系的教学、科研和学生管理工作。

我国公立高职院校大多是由两所以上中等职业学校升格而来，原有中职学校内设机构一应俱全，行政人员配备齐整，升格后的高职院校根据高等职业教育的需要，秉着机构精简、职责明确的原则重新调整设置内设机构，分为若干个职能部门，一般设置了党政部门、教务管理部门、科研管理部门、质量评价管理部门、组织人事部门、宣传统战部门、计划财务管理部门、资产管理及后勤服务部门、学工管理部门及团委、武装保卫部门、招生就业部门、纪检监察部门、审计部门、工会、图书馆等职能或教辅部门。有的高职院校为了加强和行业企业的合作，单独设置产教融合（校企合作）部门，有的高职院校为了加强研究解决学校在发展过程中遇到的实际问题，单独设置了院校（高职）研究部门，有的为了适应后勤社会化改革，引入竞争机制，成立了后勤服务总公司。围绕学校改革发展的需要和管理的需要来设置机构是可以的，但有少数的公立高职院校为了安排中层干部，新设置一些无关紧要的部门或以细化工作职责的方式来增设部门，行政机构和行政人员的简单叠加导致行政人员比例过高，造成了教学人员与行政人员比例严重失调的局面，无法控制在教育部和省教育厅允许的行政人员和教师比例之内，有的甚至出现严重倒挂现象，即行政管理人员数超过专职教师数。内设机构管理队伍从副科级科员、副科长、正科级科员、正科长、副处级科员到处长，呈现出较严格的科层管理结构，使一些高职院校对级别和权力的追逐胜过教书育人和学问探索，层级观念和行政化渗透校园。

我国高职院校的系级设置，往往是根据同类专业或相近专业组合为一个系。系级领导岗位设置主要有系主任、教学副主任、学工副主任、系总支书记，有的高职院校还设置培训副主任，以增强对外培训的力量，落实高职院校学历教育和职业培训并举的方针。系级以下根据专业设置教研室，教研室主任由本专业专职教师兼任，主要是带领本教研室的教师从事教学探讨、教学改革和研究工作。教师是学校的主体，是在高职院校一线从事教学研究的专业人士。

三、高职院校内部权力配置及运行现状

(一) 党委会的领导地位和运行机制

以湖南省 A 职业技术学院为例，A 职业技术学院是一所公办全日制普通高等职业学院，2001 年由 2 所中等职业学校合并升格组建而成，2008 年成为湖南省示范性高职院校。A 职业技术学院党委会由 8 名党委委员构成，分别是党委书记 1 名、院长兼党委副书记 1 名、党委副书记 1 名、副院长 4 名、纪委书记 1 名。学院党委书记主持学院党委的全面工作，负责组织党委重要活动，协调党委领导班子成员的工作，支持党委班子成员按照分工履行职责，督促检查党委决议的贯彻落实情况，主动协调党委和院长之间的工作关系，支持院长开展工作。党委副书记、纪委书记、党委委员按照分工开展工作。

纵观各个国家的高校发展历史，无不体现政治权力这一重要的因素。尽管世界各国对高校的掌控方式和程度不一，但是国家的政治权力都以某种形式存在着。国外政府参与高校治理，施加政治权力的形式有学监、董事会、调查委员等几种。例如，湖南 A 职业技术学院坚持党委领导下的院长负责制，学院党委会主要负责人是党委书记。根据《湖南省 A 职业技术学院章程》的规定，党委会的职责包括：第一，全面贯彻执行党的路线方针政策，贯彻执行党的教育方针，坚持社会主义办学方向，坚持"立德树人，依法治校"，依靠全院师生员工推动学院科学发展，培养德智体美劳全面发展的中国特色社会主义事业合格建设者和可靠接班人。第二，讨论决定事关学院改革发展稳定及教学、科研、行政管理中的重大事项和基本管理制度。第三，坚持党管干部原则，按照干部管理权限负责干部的选拔、教育、培养、考核和监督，讨论决定学院内部组织机构的设置及其负责人的人选，依照有关程序推荐院级领导干部和后备干部人选。做好老干部工作。第四，坚持党管人才原则，讨论决定学院人才工作规划和重大人才政

策,创新人才工作体制机制,优化人才成长环境,统筹推进学院各类人才队伍建设。第五,领导学院思想政治工作和德育工作,坚持用中国特色社会主义理论体系武装师生员工头脑,培育和践行社会主义核心价值观,牢牢掌握学院意识形态工作的领导权、管理权、话语权。维护学院安全稳定,促进和谐校园建设。第六,加强文化建设,发挥文化育人作用,培育良好院风学风教风。第七,加强对基层党组织的领导,做好发展党员和党员教育、管理、服务工作,发展党内基层民主,充分发挥基层党组织的战斗堡垒作用和党员的先锋模范作用。加强学院党委自身建设。第八,领导学院党的纪律检查工作,落实党风廉政建设主体责任,推进惩治和预防腐败体系建设。第九,领导学院工会、共青团、学生会等群众组织和教职工代表大会。做好统一战线工作。第十,讨论决定其他事关师生员工切身利益的重要事项。

学院党委是学院的领导核心,履行党章等规定的各项职责,把握学院发展方向,决定学院重大问题,监督学院重大决议执行,支持院长按照有关法律法规积极主动、独立负责地行使职权,保证以人才培养为中心的各项工作任务的完成。学院党委坚持民主集中制原则,实行集体领导、民主决策。凡属重大问题的,都要按照集体领导、民主集中、个别酝酿、会议决定的原则,经由党委会集体讨论后再做出决定。

(二) 院长负责制和院长办公会的构成及运行情况

以湖南省 B 职业技术学院为例。B 职业技术学院是 2001 年经教育部批准成立的省属公办全日制普通高等学校,2012 年成为湖南省示范性高等职业技术学院,现已成为一所行业特色鲜明、内部质量保证体系先进的卓越高职院校。

学院院长是学院的法定代表人,在学院党委领导下,贯彻党的教育方针,组织实施学院党委有关决议,行使《高等教育法》等规定的各项职权,全面负责教学、科研、行政管理工作。根据《湖南省 B 职业技术学院章程》的规定,院长的主要职权有:第一,组织拟订和实施学院发展规划、基本管理制度、重要行政规章制度、重大教学科研改革措施、重要办学资源配置方案。组织制定和实施具体规章制度、年度工作计划。第二，组织拟订和实施学院内部组织机构的设置方案。按照国家法律和干部选拔任用工作有关规定，推荐副院长人选，任免内部组织机构负责人。第三，组织拟订和实施学院人才发展规划、重要人才政策和重大人才工程计划。负责教师队伍建设，依据有关规定聘任与解聘教师以及内部其他工作人员。第四，组织拟订和实施学院重大基本建设、年度经费预算等方案。加强财务管理和审计监督，管理和保护学院资产。第五，组织开展教学活动和科学研究，创新人才培养机制，提高人才培养质量，推进文化传承创新，服务国家和地方经济社会发展，把学院办出特色、争创一流。第六，组织开展思想品德教育，负责学生学籍管理并实施奖励或处分，开展招生和就业工作。第七，做好学院安全稳定和后勤保障工作。第八，组织开展学院对外交流与合作，依法代表学院与各级政府、社会各界和境外机构等签署合作协议，接受社会捐赠。第九，向党委报告重大决议执行情况，向教职工代表大会报告工作，组织处理教职工代表大会、学生代表大会、工会会员代表大会和团员代表大会有关行政工作的提案。支持学院各级党组织、民主党派基层组织、群众组织和学术组织开展工作。第十，履行法律法规和学院章程规定的其他职权以及其他需要由院长决定的事项。

院长办公会议是学院院长对重要行政事项进行研究和决策的工作会议，由学院院长召集并主持，按照其议事规则讨论和决定有关事项。

（三）学术权力地位和运行情况

高职院校是高等教育的一部分，大学是研究问题、探究学问、知识创新的学术性机构。学术权力是大学特有的权力类型，在大学治理结构中，其地位与党委（政党）权力、行政权力地位平行。而学术权力要想发挥作用，就必须具有相应的体制机制、制度和规范，只有这样才能为学者管理学术事务提供一定的平台。

1. 学术委员会的构成

以湖南省 C 职业技术学院为例。C 职业技术学院于 2000 年成立，2006 年被列入国家首批示范性高等职业院校建设计划，2009 年通过示范建设验收。《湖南省 C 职业技术学院学术委员会章程》规定，学术委员会是校内的最高学术机构，统筹行使学术事务的决策、审议、评定和咨询等职权，并对学校其他重大事项提供决策咨询。学校学术委员会由不低于 15 人（奇数）组成（其中校外委员 2~4 人、青年教师委员 1~2 人）。担任学校及职能部门党政领导职务的委员，不超过委员总人数的 1/4。学校学术委员会校内委员人选在各院（部门）民主推荐的基础上，经过民主选举产生。学术委员会根据需要可设立若干专门委员会。二级学院学术委员会参照学校学术委员会的职权，开展学院学术工作。

2. 学术委员会的主要职责及运行机制

以湖南省 C 职业技术学院为例，《湖南省 C 职业技术学院学术委员会章程》规定，学术委员会的主要职责如下：第一，学校实施以下事项，涉及对学术水平做出评价的，应当由学术委员会或者其授权的学术组织进行评定：学校教学、科学研究成果和奖励，对外推荐教学、科学研究成果奖；高层次人才引进岗位人选、名誉（客座）教授聘任人选，推荐国内外重要学术组织的任职人选、人才选拔培养计划人选；自主设立各类学术、科研基金、科研项目以及教学、科研奖项等。第二，学校下列事务决策前，应当提交学术委员会审议，或者交由学术委员会审议并直接做出决定：专业、教师队伍、科学研究和对外学术交流合作等重大学术规划；教学科研成果、人才培养质量的评价标准及考核办法；学校教师职务聘任的学术标准与办法；学术评价、争议处理规则，学术道德规范；学术委员会专门委员会组织规程等。第三，学校做出下列决策前，应当通报学术委员会，由学术委员会提出咨询意见：与学术事务相关的全局性、重大发展规划和发展战略；重大科研项目和学术政策性文件；学校预算决算中，教学、科研经费的安排和分配及使用；教学、科研重大项目的申报及资金的分配使用；开展中外合作办学、赴境外办学，对外开展重大项目合作。第四，受理学术争议，处理学术纠纷；监督、检查和裁决学校教师、科研人员和学生的学术不端行为。第五，指导和监督学校专门学术委员会和二级学院学术委员会的工作。第六，其他应由学术委员会决策、审议、评定和咨询的事项。

高职院校的学术委员会一般每学期召开 1~2 次会议。另外，主任委员可根据实际情况，临时召开学术委员会会议，对有关学术问题进行商定。会议由主任委员主持，也可委托副主任委员主持。决议事项采取民主集中制的原则，有 2/3 以上委员出席，所作决议方能有效。"记名或无记名投票"是学术委员会评议学术事宜的两种常用方式。学术委员会主任委员对要讨论的方案，认为有必要的，可指定一名或多名委员提出初步意见，再交学术委员会全体会议讨论决定。如果有人对学术委员会的决议提出异议或要求复议，并且如果理由属实充分，学术委员会秘书长在征求过半数委员同意后，方可召集学术委员会全体委员复议，复议通过后，为最终决议，不再复议。学术委员会的活动经费由学院在年度预算中单列。

（四）民主管理的权力地位和运行情况

1. 民主管理的地位

亚里士多德认为，在民主社会中，只有当所有人都能够平等享有权力时，自由和平等才能变得平常。在西方社会，人们把民主视为维护自身权益的有力武器；而西方民主的核心思想是主权在民、分权制衡，这种思想不仅局限于政治领域，而且扩展到了各个生活领域，包括扩展到西方大学，使民主思想深耕于大学内部，成为大学治理文化的一部分。若要将我国建设成为富强、民主、文明、和谐、美丽的社会主义现代化强国，高职院校的民主作为基层民主的一种，是实现全社会民主的重要组成部分。

民主是当代政治活动强调的重要价值，在高校治理中，民主显然也是一个重要的价值尺度。与民主参与相对的是权力精英的统治。治理的民主体现在主要的利益相关者能够参与决策。教师群体和学生群是高职院校的两大群体，教师和学生全体来参与决策显然是不可能的，只能通过教职工代表大会和学生代表大会的形式来实现。我国公立高职院校通常成立了教师工会、教职工代表大会，实行教师参与学校管理的民主管理机制。教职工代表大会是学校实行民主管理、民主监督和维护教职工合法权益的机构，是落实工会法、教育法、教师法赋予教职工参与学校民主管理和民主监督权利的基本形式。

2. 民主管理的职责和运行情况

公办高职院校的教职工代表大会（以下简称"教代会"）在学院党委领导下，按照有关法律法规和政策规定开展工作。教代会要维护院长法人地位，支持院长行使法人职权；积极协同有关部门开展各项工作；在教职工中倡导主人翁精神，努力完成各项工作任务，自觉遵守学院的各项规章制度。教代会是教职工依法参与学校民主管理和监督的基本形式。以湖南省 D 职业技术学院为例，教代会的主要职权有：第一，听取学校章程草案的制定和修订情况报告，提出修改意见和建议；第二，听取学校发展规划、教职工队伍建设、教育教学改革、校园建设以及其他重大改革和重大问题解决方案的报告，提出意见和建议；第三，听取学校年度工作、财务工作、工会工作报告以及其他专项工作报告，提出意见和建议；第四，讨论通过学校提出的与教职工利益直接相关的福利、校内分配实施方案以及相应的教职工聘任、考核、奖惩办法；第五，审议学校上一届（次）教代会提案的办理情况报告；第六，按照有关工作规定和安排评议学校领导干部；第七，通过多种方式对学校工作提出意见和建议，监督学校章程、规章制度和决策的落实，提出整改意见和建议；第八，讨论法律法规、规章规定以及学校与学校工会商定的其他事项。

高职院校通常要制定《教职工代表大会实施细则》，对教代会的职权、代表的资格、权利、义务、提案的征集处理、大会主席团、大会预备会、大会议程、大会决议等都有相应的规定，大会的决议决定主要由学校行政来执行。在高职院校中,通常坚持一年召开一次教代会,五年换届选举产生新的教代会代表。党委委员和校级领导一般都是教代会的代表,都会认真听取代表的议案,听取并采纳广大教师关于教学、科研、财务、人事分配等方面的意见与建议,以此来保障教职工办学参与权和对于学院重大事项的决策的合理性。我国公立高职院校通常定期召开学生代表大会,成立校系学生会,学生会是学生自己的群众组织,在党组织的领导和团组织的指导帮助下,依照法律、学校规章制度和各自的章程,独立自主地开展工作,基本任务之一就是沟通学校党政与广大学生的联系,通过学校各种正常渠道,反映学生的建议、意见和要求,参与涉及学生的学校事务的民主管理,维护学生的正当权益。

第二节 高职院校内部治理存在的主要问题

一、多元治理主体协同治理程度较低

高职院校内部治理是一个多元治理主体协同治理的过程,只有各个治理主体共同参与到高职院校的治理过程中,才能最大化地提升其治理能力,实现治理目标。一方面,关于高职院校外部治理主体参与院校治理存在的问题,可以先分别从政府、行业、企业来看。第一,政府在高职院校治理过程中有时存在职能不清的问题,这样容易出现两种极端情况,即要么"越位",要么"缺位"。之所以会产生"越位"的情况,是因为政府在教育资源配置上依旧处于主导地位,如资金投入、人才引进、师资评聘等,所以政府在参与高职院校治理过程中有时会出现过度管理的问题。另一方面,近年来随着政府不断简政放权,在一些需要政府解决或承担的问题上,政府却出现了推脱的情况,即"缺位"现象。例如,在高职院校治理的监督保障机制方面,

政府对其治理的效果没有制定相应的促进措施与评价标准，没有制定相应的法律法规来促进高职院校各治理主体的利益。第二，行业协会、企业等参与高职院校治理存在机制不够健全的问题。我国高职院校实行"产教融合"的人才培养模式，行业、企业不仅是学生实习实训的场地及技术提供者，而且是高职院校重要的办学合作者与治理主体，应共同参与学校的人才培养、质量评价与监督等工作。然而现实的情况是，行业、企业参与院校治理更多还是在学生实习实训、教师企业实践方面，在专业建设、教学改革、人才培养这些事关高职院校发展质量的工作方面，并没有发挥其治理主体的职能。

总体而言，在协调各治理主体共同参与高职院校治理的方式上，虽然多数高职院校设立了董事会、理事会等组织机构，但在实际治理过程中往往流于形式，理事会在学校的决策中只能起到咨询、参考的作用，并没有实际的决策权。另外，关于高职院校内部治理主体参与院校治理存在的主要问题是政治权力、行政权力、学术权力、民主权力四者之间的不平衡。具体来看：第一，有些高职院校，以党委为代表的政治权力和以校长为代表的行政权力在高职院校治理过程中互相掣肘。在高职院校内部，党委处于核心领导地位，校长负责全校行政管理方面的工作。但是在实际治理过程中，党委与校长的职能交叉重叠，彼此制约，导致学校的相关事务"政出多门"，基层管理混乱。在高职院校的学院章程中，关于这两者之间的关系一般以"党委领导、校长负责"为原则，章程中虽然规定了党委和校长在高职院校治理中应履行的职责，但都是简要的概述，缺乏具体、科学的实施细则。第二，部分高职院校学术权力处于边缘化的位置。高职院校在学校层次上属于高等教育，"教授治学"是高等学校的基本制度。大多数公办高职院校都设立学术委员会，制定学术委员会章程，学院章程中关于学术委员在学术决策中的职能也做出了规定。这说明高职院校非常重视学术权力作为院校治理主体的作用，但在实践过程中存在不同程度的学术权力边缘化的现实问题。第三，以教职工、学生为代表的民主权力在高职院校治理中力量薄弱。公办高职院校几乎都针对教职工群体设立了教职工代表大会制度，成立工会，甚至是二级学院工会作为教代会的常设机构；大部分高职院校还设立了学生代表大会制度、学生申诉制度等，以保障教职工、学生在学校治理中的民主管理与监督权力。教职工、学生提出的关于学校各项工作的建议与意见并不能左右学校各项事务的决策，尤其是学生，他们更多是处于"被管理者"的角色，几乎没有机会参与学校的治理。另外，相当一部分高职院校几乎没有相应的平台或渠道让教职工和学生反馈意见与建议。基于以上分析，高职院校的治理主体（不管是外部治理主体，还是内部治理主体）相互协调、共同参与治理的程度都比较低，制约了高职院校治理能力的提升。

二、以章程为核心的内部治理制度体系尚待完善

我国的高等职业院校起步较晚，真正的发展时期通常只有20多年，加上大多数都脱胎于中专学校或成人高校，办学时间短，办学起点低，基础薄弱，在制度建设的发展道路上遇到不同的困难与阻力。现阶段，地方高职院校主要是由传统的不同学历层次的职业教育演变而来，其院系也是由原本各专业教研室扩建改制而来。一些套用上级相关部门或本科院校的规章制度，照搬同类型高职院校的规章制度，笼统不够细化。而且有些高职院校在具体管理过程中常出现不能严格依照规章制度进行管理的问题。学校管得过多，院系的职责和权限十分有限，缺乏活力，而院系职能部门更不能及时按照要求制定院系发展的战略计划、制度体系以及具体的实施方案等，存在职责划分不清晰、权限和利益分配不明确等问题，使学校的管理决策不能有效地发挥作用，不能充分地发挥系部在人才培养环节中的主体作用和主体价值。各种规章制度的制定没有根据自身实际加以制定，在人才培养模式、教学模式、管理模式等方面缺乏明确的目标，缺乏针对性的专业创建工作、课程设置工作等，无法充分调动系部等二级单位的积极性。

完善、科学的治理制度体系是提升高职院校治理能力的基础。公

办高职院校的治理制度体系是以章程为核心的治理制度，包含学校章程和各项内部管理规章制度。章程是高职院校依据国家及地方的各项方针政策，并结合自身资源、特色与发展需要而制定的基本章程，其他的各项规章制度都必须以学校章程为依据，不可违背其相关的规定。建立健全治理制度体系是高职院校实现"依法治学、依法治校"的关键一步。

当前，大多数高职院校已经制定了大学章程并且获得所属教育部门的核准，这说明国家教育行政管理部门和高职院校自身都非常重视这项工作。就章程的内容和高职院校落实章程的情况以及相关内部管理制度的运行情况来看，不同程度地存在一些问题，主要表现在如下几个方面：第一，高职院校之间的章程文本在结构上相似度比较高，都是围绕学校基本信息、教职工和学生的权利与义务、学校的管理体制和组织机构、学校与社会的关系等几个方面。进一步分析其内容可以发现，高职院校的章程主要是依据国家或教育部门颁布的相关政策而制定的，这导致在内容上出现"千篇一律"的现象，未能凸显出不同高职院校的办学特色、地域特色、行业特色、专业特色等，这对高职院校实现创新发展、特色化发展是非常不利的。第二，部分高职院校的章程建设重制定、轻执行。章程建设是一个动态的过程，包含章程的制定、核准、实施、监督、修订五方面，并且是一个持续优化的过程。目前，高职院校在章程建设方面也实施了制定与核准两步，在实施方面，以表面的学习为主，在章程实施情况的监督与修订方面，对于高职院校来说是一个缺失的状态。第三，关于学校内部各项规章制度的建设方面，梳理高职院校已有的各项规章制度，通过"废、改、立"的方式，处于逐步完善的状态中。高职院校的内部管理规章制度是对学校章程的细化，可以将学校章程规定的各项规定落实到具体的工作中。建立健全内部各项管理规章制度在高职院校治理中的作用与章程建设同样重要，是高职院校不可忽视的环节。从目前高职院校各项规章制度的建设情况来看，一些高职院校在内部管理规章制度的制定上盲目求全、求多。部分高职院校实施的规章制度多达几百项，并以此作为完善的内部管理制度体系的重要参考。这是高职院校在内部管理规章制度建设方面存在的一个误区,这样盲目求全的制度建设导致制度的繁杂,反而给高职院校的治理工作带来了不必要的麻烦。第四,高职院校的内部管理规章制度中缺乏有效的考核评价和激励机制等相关的制度。各项管理规章制度的"落地"需要有相关考核评价和激励机制的保障和推进,具体且切实有效的考核评价机制会加强各项规章制度的实施效果,科学合理的激励机制可以激发各类人员积极、主动地去落实学校的各项规章制度,这些对于高职院校实现"依法治校"都有重要的促进作用。而目前高职院校的管理规章制度多以实施细则、实施方案或计划、管理办法为主,针对性强的考核评价、激励机制、促进办法等相关制度急需健全完善。

三、二级教学管理机构权责划分有待清晰

大部分高职院校在其章程中都明确规定了"校—院"两级的管理体制,并对二级学院的职能与主要权限、议事决策制度都做出了规定,但从"校—院"两级管理体制的具体实施情况来看,还存在一些不足之处,主要表现在如下方面:一是学校与二级学院之间职能分配不够合理,二级学院在人、财、物等方面管理自主权不足。"校—院"两级管理机制在普通高等院校已运行多年,是提高高职院校内部管理效率的有效措施。由于我国高职院校有很多都是从中职学校转变而来的,管理权难以从学校层面快速下放至二级学院。在学校与二级学院的职能分配上,理想的状态是学校负责宏观决策,二级学院负责人才培养、科学研究、专业建设、学生管理、社会服务、文化传承创新等事宜,这些在高职院校的章程中也都有所体现。二级学院若要实现教育教学、科学研究、学生管理等自主权,还需要一些其他权力的支持,如教师评聘、经费使用、绩效制度等,但是这些权力一般仍由学校层面掌握,这影响了二级学院在学校治理中作用的发挥。二是"校—院"两级管理机制实施的保障措施缺乏。大多数高职院校实施"校—院"两级管

理机制，但是二级学院自治权、自主权不足，除了传统管理模式带来的影响，还有一个重要因素就是没有在人事管理、学生管理以及财务管理方面出台配套的具体制度，不能有效地促进"校—院"两级管理机制的实施。

　　我国高职院校实行二级学院党政分工合作、共同负责的领导制度。院系党委书记负责主持以党务工作为主的院系管理工作，按照民主集中制的原则，讨论和决定本单位的重大问题。院长或系主任对于院系的教学管理全面负责，进行组织引导。分管教学的副院长或副主任协助院长或系主任的日常教学工作。按照利益相关者理论，横向上地方高职院校存在了四种权力，即政治权力、学术权力、行政权力和学生权力，但是当前地方高职院校的实际情况是政治权力和行政权力仍占主要地位，学术权力和学生权力相对较弱，不能形成四种权力配置均衡和运作协调的良好局面。特别是大部分地方高职院校都脱胎于中职学校，在中职办学阶段一般采用校长负责制，进入高职办学阶段后才采取党委领导下的校长负责制，一些地方高职院校在经过长期的校长负责制管理后滋生出个人决策凌驾于集体决策的现象，少数高职院校的校长保持着"家长制"的领导习惯和思维方式，这造成党委的权力处于被架空的状态，党委的统一领导地位仍不凸显，学校对于教学以及管理方面的理念、长远规划、重大改革举措等仍存脱离党委强力领导与决策的局面，学校教学管理工作的科学化、规范化水平仍有待加强。同时，院系的教学会议制度以及领导干部定期组织学习、调研的制度存在不明确或落实不到位的情况，部分高职院校没有成立专门的教学工作委员会来提升决策或管理水准。教学委员会一般由具有丰富教学经验的教师以及政治素质过硬、有责任担当、熟悉教学工作、责任感强的教学管理者构成，在二级教学单位行政负责人的带领下，对教育教学管理环节中存在的问题和不足进行研究，明确处理方案。此外，院系二级教学管理机构的权力归属和责任划分仍不够完善，在院系管理内部并未高度释放教学管理机构以及学生管理机构在教学管理体系中的重要价值，具体的职责划分存在不明确的问题，所以并未创建起高度协调的工作联系。比如，院系的教务工作属于教学管理的构成机构，需要组织好核心成员，保障教学秩序以及教学水准，但在实际工作中，其职能作用没有得到充分发挥，一些管理部门的组织机构设置不健全，无法按照学校的实际情形以及具体需求对日常的工作进行管理。另外，各专业教研室配套人员设置也不够完善。建设管理队伍是院系管理最基本的工作，发展一支政治立场稳定、人员素质突出、专业结构合理、目标特色鲜明、结构较为合理的管理队伍是形成高职院校管理特色的关键。在高职院校的校院（系）管理实践中，对于管理人员的业务培训工作并不到位，没有为教学管理人员开展行业内交流、研究活动创造积极的条件，因此没有很好地满足教学管理系统化、现代化的需要。

由于高职院校建立的时间不长，缺乏成熟的建设管理经验，加之高职教育的社会地位和社会认可度都还有待提高，所以在运行中存在大量繁重的日常性事务，从各行政职能部门到各教学部门，每天都有大量的日常性事务，基层行政管理人员因为繁重的琐碎事务，缺乏足够的时间外出参观交流学习，同行之间交流业务的机会比较少，行政部门没有更多精力，也缺乏应有的能力投入大政方针的决策中去，在一定程度上制约了学校的宏观调控功能，教学部门缺乏足够的精力改善教学质量，进而难以有效提升管理效率与办学水平。繁重的日常事务一方面制约了治理体制的有效运转；另一方面，在教学管理中，教学运行管理应根据教学方案的部署，对教学活动行为中最关键、最基础的部分进行管理，其含有以教师为引导者、以学生为参与主体的组织管理活动以及部门、院系等共同参与的行政管理活动。其主要原则是全校上下协同一致，注重交流与协商，全面落实学校教学管理的各项制度，实现教学工作的有序推进，提升教学水平和育人质量，但目前，相当一部分高职院校繁重的日常性事务已经影响到教学运行管理的实施效果。

四、高职院校内部治理运行机制效率有待提高

由于我国高职院校在治理改革中往往重视组织机构的调整而忽略运行机制的建设，因此造成了部分高职院校不论是在横向还是纵向上都难以有效提升其治理能力。

首先，高职院校的决策机制对于高职院校的发展来说非常重要。高职院校的事务繁杂，没有哪一个治理主体可以单独完成其各项事务的决策。决策过程要求科学化与民主化，学校需要提供平台与渠道保障各治理主体能有效参与到学校的决策中来。目前，部分高职院校的决策机制还存在以下不足之处：第一，在决策过程中，党委和以校长为代表的政治权力是高职院校决策的核心力量，行业、企业、教职工、学生这几个重要的治理主体在学校决策中的话语权不强。高职院校在党委会、校长办公会等政治决策和行政决策方面都已经建立了具体的议事规则与流程，并且这两种决策权在高职院校作用已久，在学校重大事项的决策中占据核心地位。学术委员会本该是学术事务的主要决策力量，但是高职院校的学术委员会在学科建设、学术评价、专业建设的指导、新增专业的论证等方面的决策力量薄弱。行业、企业作为高职院校的合作办学者，在人才培养、课程设置、教学改革等方面的决策事务中是不可缺少的一部分，但是除了在实习实训方面两者可以共同决策相关事宜外，在学校其他重大事务的决策中，行业、企业的参与度并不高。而教职工、学生群体在高职院校决策中几乎是被忽视的一个群体，尤其是学生。高职院校设立了教代会、学代会等制度，教职工和学生可以通过其对学校的事务发表意见，但是很少被采纳，这导致教职工和学生参与学校决策的积极性不高。第二，在决策平台与执行程序上，学校层面的党委会、校长办公会，二级学院层面的党政联席会议是高职院校的主要决策平台。学校几乎所有的重大事务决策都要通过这几个会议研究、讨论、审议，最后执行。而如何完善教代会、学代会的议事规则、议事流程，保障教职工、学生等群体对学

校决策的民主参与和监督，是目前高职院校面临的最大问题。

其次，目前高职院校的内部执行机制存在的不足之处主要表现在如下几个方面：第一，学校在组织机构设置上存在职能部门职责不够清晰、管理对象相同的问题。目前，大多数高职院校还是传统的层级式的组织机构设置，学校设置职能部门，由职能部门管理二级学院的各项工作。很多职能部门的职责与二级学院或其他职能部门相互交叉，如教师的评聘既受学校人事部门的管理，又受学校科研、学工、教务等部门管理，这些职能机构的管理对象相同。这种组织机构的设置极大地影响了学校事务的执行效率。第二，高职院校在具体的执行上不同程度存在流程冗赘的问题。高职院校除了在组织机构设置上沿袭传统的科层制外，在执行流程上也是按传统的自上而下的线性来执行。学校重大决策从职能部门到二级学院逐级执行。高职院校也逐渐意识到了这方面的问题，部分高职院校采用了精细化管理方式，如娄底职业技术学院党委、行政近年来下决心采取了一系列简化办事流程、明确工作责任、提高工作效率等措施。在实践中高职院校切身体会到减少办事流程、提升执行效率还面临诸多难题。

再次，加强高职院校信息化管理，是国家及教育行政部门对高职院校创新发展提出的新要求，也是经济社会发展的必然趋势。互联网信息技术为高职院校的治理提供了更加多样化的形式，能够最大限度地降低高职院校的治理成本，最终提高高职院校的治理效率。高职院校在信息化管理方面存在的问题如下：第一，部分高职院校还没有建立完善的信息化管理机制与信息化管理平台。信息化管理平台目前主要应用于学生教育教学管理、实习管理等过程中，而院校治理的其他方面涉及很少。这说明高职院校信息化治理发展缓慢，将会严重制约高职院校治理能力现代化的发展。第二，信息化治理平台相比传统的治理方式，不仅在管理的时效性、简洁性方面有很大的优势，还有一个很大的优势就是保存了大量的校本数据，这些数据如果能够被挖掘和分析，可以为高职院校的改革提供有效的参考意见。目前，大部分高职院校的平台数据更多是作为考核评价的参考，还没有充分发挥这些数据在高职院校治理中的应有价值。

五、高职院校内部监督保障机制不够完善

高职院校的治理是一个持续的过程，因此，完善的监督保障机制必不可少。高职院校的监督保障分为外部监督保障和内部监督保障。目前，一些高职院校的监督保障机制急需完善，一方面，外部监督机制以信息公开制度和理事会制度为主，缺乏来自第三方社会组织机构的监督与评价。可以说，高职院校在外部监督保障机制方面还非常不完善。另一方面，在内部监督保障机制方面，存在的问题主要是监督渠道不畅。高职院校的民主监督主要是依靠教代会、学代会等组织来实施。虽然多数高职院校依照国家政策建立了教代会、学代会制度，但其所能发挥的作用非常有限。教代会成员对学校相关事务的参与度不高；教代会的意见有时也很难被学校采纳，以至于教代会的民主监督流于形式化。以学生为主体的学代会参与高职院校治理的程度就更低了。

六、教学质量管理与学校内部激励机制、约束机制结合不紧密

保障和提升教学质量水平属于教学管理的重要目标，高职院校教学工作水平评估是高职院校内部治理的重要内容。教学评估是明确教学问题、调控教学方式的关键策略，因此学校方面需要设定更加制度化、更加固定化的教学质量管理与评估机制。经过评估和反馈等环节，促进其自觉地贯彻执行国家的教育方针，根据教学规律以及实际需求改善教学工作，不断提升教学水准，实施更具针对性、更加高质量的教学，但目前，对于高职院校二级学院（系）的教学质量管理与评估工作存在诸多薄弱环节，评估、监测方案的实施没有很好地体现和贯彻国家的教育方针，有时还有违国家对高等学校教学工作和人才培养的质量要求，没有反映出高职院校的办学特色和人才培养特色，对于

高等职业教育的基本工作规律把握不到位，没有深刻认识到现阶段高等职业教育改革的基本走势和发展方向，即没有从实际出发，脱离了自身的办学特色。此外，在教学质量管理制度与评估机制的设定过程中并未和自身存在的激励机制、约束机制进行紧密结合。因此，高职院校需要进一步强化和提升责任意识、创新思维，分析造成当下教学质量水平不高的原因，严格科学地管理教学工作，创建更加系统完善的教学评估系统，营造更加制度化的教学氛围，实现更为理想的教学效果。

七、部分高职院校的内部治理结构还较封闭

现代社会是开放型社会，这为现代大学提供了更开放的价值选择。相对于封闭社会所提供的强制性价值选择而言，这种开放性价值选择更有利于大学的健康发展，大学因此更多地受到来自社会公众、社会文化以及市场机制等的影响与制约。相对于开放社会的日益成型，高职院校内部治理却未跟随这一趋势，治理的封闭性特征还没有明显改观。长久以来，在"高校—社会—政府"三者的关系中，高职院校（包括以校企合作为主要特征的高职院校）的治理权更多地在政府与高校两极间分配，几乎漠视了社会参与权，使高职院校治理处于一种较为封闭的状态。社会公共事务治理倡导多元参与，"社会如果不懂得教育有一种靠近社会的本能，不幸的不只是教育，更是社会自身。"因为在社会日益多元化的当今时代，绝大多数社会组织都是多元利益相关者共同参与治理。高职院校作为一种典型的多元利益相关者共同治理的组织，其主要参与者、合作者是相关行业、企业，它们应积极参与高职院校的治理，这符合公共治理理论的基本共识。高职院校以"服务"为办学宗旨，以"就业"为办学导向，以"产学研"相结合为发展道路，其办学定位是服务于区域的经济社会发展，人才培养的目标定位是培养面向区域经济社会发展和生产服务一线的高素质劳动者和技术技能人才，办学模式则是独特的"产教融合、校企合作"。

这些独特属性要求高职院校必须坚持开放办学，其内部治理迫切需要外部多元主体（尤其是那些和高职院校办学紧密相连的相关行业、企业）的积极参与。当前，虽然国家与地方不断出台各种法律法规和政策以强调并切实推动高职院校产教融合与校企合作的开展，高职院校也以实际行动努力深入开展校企合作并不断改革人才培养模式，但产教融合、校企合作在高职院校内部治理方面并没有明显体现。行业、企业、学生、家长等各方在高职院校的决策、治理等方面处于明显缺位的状态，没有形成有效机制促进、保障相关行业、企业实质性参与高职院校的内部治理局面。

第三章 国际比较视野下的高职院校内部治理研究

第一节 世界主要发达国家高职院校的治理实践

一、美国高职院校推行的共同治理模式

美国的职业教育以社区学院为代表，社区学院有效形成了董事会领导下的校长负责、行政权力与学术权力分立、协调与有效制约的治理模式，各利益主体间的利益冲突更多表现为协调性或协作性博弈。美国社区学院共同治理体现分享理念，强调教职工和学生利益诉求的民主监督，并通过完善的司法制度保障学生的基本权力。美国社区学院的"共同治理"，客观上为美国高等职业教育的发展以及实现终身教育的社会理想提供了有力的保障。美国高职院校内部治理采取的方式是董事会领导下的校长负责制，其治理主体主要由董事会、校长、评议会三方构成。

（一）美国高职院校的治理结构主体

1. 董事会

美国高职院校董事会是学校的最高决策机构和权力机构。董事会是"根据特许状或州有关法律的相关规定，依照董事会章程或相关条例，在上一级教育委员会和州教育委员会批准下设立的，是学校法定的所有者和管理者"。董事会成员往往由所在社区居民投票选举产生，

主要是校外知名人士,有政府官员、企业家、法官、律师、牧师、校友、社会名流等,任期一般为3~5年,可以连任,定期更换。董事会一般设主席1名、副主席1名或若干名、秘书和司库各1名,董事会规模因院校规模或性质的不同而有所差异,成员超过7人的董事会下设各种委员会,以处理具体事务,如发展委员会、规划委员会、学术事务委员会、社区服务委员会等。当遇到董事会中某一席位空缺时,学校会临时任命新成员,只要选民中有一半或一半以上的投票支持率,临时任命就可以通过。董事会定期召开会议,其日程通常由董事会主席、秘书和校长根据相关文件确定,如遇特殊情况,则召开临时董事会。

董事会有自己的章程或类似条例,章程对董事会的权力和职能进行相应的规范,董事会在章程规定的范围内本着为学校的有效治理和健康发展服务的宗旨开展各项工作。康奈尔大学前校长弗兰克·罗兹认为,董事会的任务是治理,而治理和管理是不同的。治理包括批准院校发展目标;批准院校政策和程序;任命、审查和支持校长以及对学科点、活动和资源的监督。管理职责包括在董事会认可的政策和程序之间使院校有效地运作并达到目标;有效利用资源;对最优质的教学、研究和服务的创造性支持。传统的董事会职责声明中就要求董事会:遴选并支持校长;规划并完成院校的任务和目标;监督学科点;发展院校的有形资产;关心院校的无形资产,尤其是学术自由,对卓越、公正以及道德标准的恪守。而美国高职院校董事会的职责主要包括确定学校的性质、目标和任务,确定学校的长期发展计划;选拔、任免校长,协助校长开展工作并对校长的工作进行评价;争取足够的资源,保障学校的正常运作;审批、检查教育计划和社区服务计划;协调学校与社区的关系;评价董事会成员的工作;等等。

2. 校长

董事会不过问高职院校的日常事务,而是把学校的日常行政管理权力下放给校长,校长是美国职业院校的最高行政负责人。校长本身都是学术精英,不仅有正规的学术学位证书,还有近乎独特的学术经历。高职院校的校长拥有丰富的学术和管理经验，近95%的校长都有系主任、学院院长、教务长或主管内部事务的副校长、非学术机构管理者的任职经历。校长没有固定任期，通常公立院校的校长任期短于私立院校的校长。

美国高职院校的校长由董事会选举产生并对董事会负责，在其授权的范围内行使权力。校长以下一般设立行政、教务、学术、学生服务等方面的副校长负责具体事务。作为学校董事会的代理人，在学校的内外治理结构上，校长承担着多重角色。校长是一个集行动、带领、决策、支持职能于一身的人。校长主要执行董事会做出的关于学校内部日常事务的决定，负责全校主要行政事务；确定工作优先顺序；创建和改变组织结构；组建有效助手团队；建立与政府、社区、企业、相关团体等的友好关系；为社区群众提供长期的学习机会，培养技术精湛、能力卓越的劳动力以推动地方经济发展；从企业、基金会或私人等多个渠道筹集资金；协调与董事会、高层管理者、教师、学生等各方面的关系；处理非常规问题；解决校内冲突、保护院校自治权利和教师学术自由、确保各方满意等。校长职务是复杂的，校长的职责也在不断变化中，去年非常适合担任校长职务的人可能就不再适应今年的需求和问题。因此，校长需要不断学习、不断自我发展和提升。

3. 评议会

美国的高职院校一般都设有评议会，董事会将学校的学术权力下放给评议会。评议会由教授或者以教授为主的学术人员组成，是教师参与学校重要问题决策的学术性机构，几乎包揽了所有学术事务的决策权，为全校所有的教师负责。评议会的成员是从全校教师群体中选出的，有全职教师，也有兼职教师，通常，全职教师在评议会的任期为3年，兼职教师为1年。评议会通常设立各种常务委员会来处理各种学术事务，如学术规划委员会、学术政策委员会、科学研究委员会、教学委员会、教育政策委员会等。当遇到特殊问题时，高职院校会临时增设委员会来处理具体事务，待任务结束后，这些临时委员会就会撤销。

美国高职院校很好地体现了学术自治，学校里的相关学术事务（包括教学、课程、教法、科研、教师地位和教师薪水等方面工作）都由教师自己处理，即"在董事会的授权下，评议会受教师委托能够执行教师的立法权，建立有关教育和学术方面的政策"，他们几乎包揽了学术事务的决策权。相关问题的决定，一般"先通过既定程序由教师提出，董事会同意后由首席学术人员审查"。评议会有完备的章程和制度，其中规定了其职能、分工、权力，保障了评议会在运行中有章可循。作为学校的治理主体之一，评议会的主要职责包括：决定课程设置和课程计划；划分学院的各个年级；审视学院所制订教育计划的发展；制定与学生入校和毕业相关的标准和政策；确定学生的录取标准和学位标准，颁布学位和证书；决定校内各种教学、科研设施的使用；制定教师人事政策，编制学术规划；处理与学术人员的相关事宜；在评议会规则下颁布和修订评议会的运行章程。总体而言，美国高职院校内部治理是一种"董事会负责学校的大政方针；校长负责学校行政事务；评议会负责学校学术事务"的三权分立结构。

（二）美国高职院校内部治理结构中的权力制约机制

美国高职院校三权分立的治理结构使各治理主体间相互制衡，避免了高职院校中权力扩张或滥用的现象出现。

1. 董事会权力的制约

为使董事会合理有效行使职权，美国高职院校所在的社区会专门成立公民监督委员会，公民监督委员会成员由社区的商业、企业界、社区老年组织、纳税人组织、学校在校生以及其他支持委员会组织的代表组成，其职责是对学校进行监督，每年至少提交一次监督报告。美国高职院校定期召开公开的、有当地居民参加的董事会会议，这是董事会行使权力的重要场合，也成为社区公众监督董事会的一个窗口。另外，董事会按照学校内部事务的性质将董事会成员分到下设的各委员会中，分别负责某一领域的事务，而且实行人员定期轮换，以保障董事会权力阳光、有效运行。

总体来看，由校外人员组成的董事会不会插手学校的日常行政管理和学术管理，他们只负责学校发展的宏观政策和方向，由校长领导的行政队伍和以教师为主的评议会分别管理行政和学术事务，凭借行政和学术两股力量对董事会实施监督。

2. 校长权力的制约

美国社区学院的校长是整个学院的灵魂，是最具权力和影响力的角色，并且社区学院的校长没有一定的任期限制，但在社区学院中并没有出现校长专权或权力无限扩张的现象，究其原因是美国社区学院治理结构中有相对完善的权力制衡机制。

首先是董事会对校长权力的制约与支持机制。在多数情况下，董事会委托给社区学院校长诸多权力，但同时也保留一定的权力以及法律控制权。董事会是社区学院的最高决策机构和最高权力机构。社区学院校长由董事会任命并对董事会负责，校长所提交的长期规划以及各项基本政策都要由董事会审批，否则校长的工作将无法顺利进行；为了让学院财政支出更透明，董事会有权监督校长使用款项的基本情况；董事会还会监督校长的工作绩效，并且校长也要时常让董事会了解自己的政策执行情况；同时为实现学校的更好发展，校长也有义务倾听并采纳董事会提出的建议。当然，为了不削弱校长的权力，董事会只是扮演咨询者和政策制定者的角色，并不直接参与学院内部的微观管理。所以，董事会领导下的校长负责制可以有效限制校长权力的扩张，并能有效遏制其滥用权力。

校长权力的实现需得到董事会的支持。董事会站在学校可持续发展的角度，制定学校发展战略，并通过校长的执行实现其治校理念。校长最需要从董事会那里获得的就是对双方共同提出的学校愿景的信心和支持。在校长的众多支持者中，董事会是唯一能够让校长完全依靠的机构，因为只有董事会是把学校作为一个整体来考虑其未来发展的。曾任史密斯学院校长十年之久的吉儿·克尔·康韦在她的自传《一个女子的教育》中写道："在这个充满强烈争论的环境中，董事会是新任校长部署工作时的唯一砝码。我逐渐钦佩并喜欢我的董事会同事，因为他们对学校的变革投了赞成票，他们的立场坚定。"这证实了董事会对校长有效支持的重要性。

其次是评议会对校长权力的制约。评议会是美国大学制定学术政策的重要机构，由教授或以教授为主的学术人员组成，几乎包揽了所有学术事务的决策权。评议会是董事会下设的职能管理机构，董事会把学术事务的决策权委托给评议会，因此，社区学院内有关教学和学术的决策都要遵照评议会的决议。评议会的权力价值是监督与确保学术标准得到落实，同时，还要确保教师的学术权力。评议会有责任为教师的利益考虑，在涉及教师的利益时有权向校长或其他行政管理人员提出意见和建议；可以对有关学术决策、学术事务等提出质疑。因此，这种学术与行政共同治校的模式能够有效遏制校长对学术事务的专权和独断，而且对校长及其行政管理也能起到监督和制约作用。

3. 评议会权力的制约

评议会是美国高职院校提出和制定学术政策的重要机构，几乎包揽了学术事务的决策权，充分体现了学术权力在学校管理中的作用，但高职院校共同治理的结构同样对评议会的学术事务权力有所规约。董事会将学术事务的决策权交给评议会，是考虑到教授评议会在学术事务上的优势，相信其提出的有关学术建议会更加专业，但这并不意味着教授评议会可以按自己的意愿任意妄为，除了对评议会在学术发展方针政策上的制约外，董事会还规定，校长作为董事会的代理人，对学校中学术团体的教学科研活动亦有一定的监控权。

在实际运行过程中，校长及其领导的行政力量对评议会有一定程度的制衡作用。在美国高职院校中，校长主持或参与评议会，以协调人的身份减少行政和学术方面的冲突。另外，评议会下设了一系列的学术委员会来分管不同类别的事务，这些委员会的成员不仅有学术人员，还有学校的行政人员。当然，他们并不参与委员会的决策，其作用只是在于协调学术群体与董事会或其他利益相关者之间的关系，因此，行政权力并不会影响评议会行使权力。

二、德国的双元制教育模式

德国的职业教育以双元制为特征,在实施过程中以企业为主导,企校协同完成。健全的法律体系与相关条例,政府、企业、院校、行会等多方主体明晰的职责,多方主体共同参与的职业教育决策机构,法律生态下的双元制运行机制共同构成了德国双元制职业教育治理结构,成为德国双元制职业教育持续健康发展的关键因素。

(一) 德国职业教育的治理结构

德国职业教育是多元治理的典型代表。根据德国 1969 年颁布并在 2005 年修订的《职业教育法》规定,德国职业培训包括职业培训预备、初级职业培训、继续职业培训和再培训。德国是联邦制国家,职业教育的组织框架也通常以联邦政府、联邦州、地方等层次划分。联邦职教所是负责德国双元制职业教育与培训各方参与主体协调一致的核心机构。联邦职教所在企业培训领域开展研究,为联邦政府以及培训机构提供服务与咨询。《职业教育法》规定了职业教育与培训的监管部门。这些部门称为主管部门,在地区层面发挥重要作用。其包括行会、各类联邦和联邦州当局,负责确保培训中心的适宜性,监督企业内培训,为企业、培训师、学徒提供建议,制定和完善培训合同条款,构建考试体系并组织终期考核。每个主管部门都有三方职业培训委员会,其成员代表雇主、工会和教师。所有重要的职业教育与培训事宜必须报备和征询职业培训委员会意见,而且职业培训委员会还负责制定职业教育与培训条例。

德国的双元制职业教育分为中等教育阶段的双元制学校和高等教育阶段的双元制大学。德国的职业教育在双元制框架下以全日制的形式进行。之所以被称为双元制,是因为基于培训包括两个地点的学习:企业和职业学校。双元制建立在企业主、工会和政府之间紧密合作的基础上。对话与共同决策对于各项改革接受度至关重要。社会合作伙伴（主要包括雇主和工会）对于德国职业教育与培训的协同与组成具有很大的影响，因此他们的需求和利益被纳入考虑范围之内。各参与主体高度负责任的行为是德国双元制取得成功的前提条件。

1. 联邦政府的职责

联邦政府负责为国家认可的教育职业设计双元制培训的内容。联邦范围内的教育职业认定保障了与行业和联邦州层面协调一致性的基本原则被充分考虑。联邦政府的职责不仅限于贯彻这些共识，还负责采取独立措施推动双元培训。在职业培训过程中提供经费支持，联邦就业局在职业培训开始前采取相关措施的目的是帮助人们克服职业资格获得前所面临的经济困境，保障培训市场的平衡和职业流动性。联邦政府为专门的职业教育研究项目提供经费支持，保障职业教育的持续更新升级。

2. 联邦州政府的职责

根据德国法律，联邦州政府负责各联邦州职业教育与文化事务。联邦州政府官员参加德国各州文教部长联席会议，确保教育尤其是学校教育和高等教育政策的一致性与可比性。联邦州立教育委员会的决定仅作为指导意见，只有通过联邦州议会审议，方可具有法律效力。各联邦州设有职业教育委员会，其中雇主、雇员和联邦州立最高权力机构拥有同等代表权力，为联邦州政府提供学校职业培训事务建议，参与弱势青年资助方案的制定，为他们提供更多基于学校培训的资格获取机会。

3. 社会伙伴的职责

雇主与雇员代表在联邦、联邦州及地方、行业和企业层面发挥重要作用。联邦、联邦州及地方、行业和企业的代表也正是组成联邦职教所董事会的主体。雇主和工会在改革项目中发挥中心作用的原因在于职业培训结构必须要满足行业需求。如果有变革的需要，比如执业资格的需求，联邦政府代表、联邦州政府代表、行业和工会就这类基本原则达成一致。制定培训规范和框架性课程成为在相关主体间具有持续性和连续性协调的过程。在行业和企业层面，私营经济领域的《劳资联合委员会组成法》和公共服务领域的《职工代表法》用于协调各联邦州助学金工作或职工委员会各项权力，优化初级职业教育与培训、继续职业教育与培训以及相关事宜。这些权力用来在一系列的协商、计划和执行企业内部培训过程中协调学徒津贴和教育层次、任命培训师、开展精确的企业内培训与现场培训，以及培训完成后的合同终止。

4. 行业组织的角色与职责

德国法定的行会依照公法设立，多数属于联邦州层面，目的是保障某一行业或商业的利益。除代表行会内各成员的利益外，行会还行使其被赋予的公共职责。行会由政府监管，负责为所辖行业进行职业资格认定，还负责职业教育与培训以及考试标准事宜。

《职业教育法》对手工业行会、工商业联合会、农业协会、律师协会、专利律师协会和公证员协会、经济审计员协会、税务咨询员协会、医生协会、牙医协会及药剂师协会作为相对应行业领域主管机构进行了法律规定，使行会在职业教育管理中有法可依，权责明确。行会可通过确定考试日期和成立考试委员会等方式负责监管考试；来自行会的培训顾问负责核实和查证企业的培训能力及培训师的培训能力，为企业和学徒提供咨询；行会接收培训合同，对企业与学徒进行审核、注册和监督，并提供咨询服务。

（二）德国应用技术大学的内部治理结构分析

德国应用技术大学与欧美其他国家的大学一样，在内部治理结构方面采用了与其国家制度相一致的决策、执行、监督相互制约的机制。德国应用技术大学的内部治理在学校管理层面主要由校议会、校务会和校监会构成，校议会行使决策权，校务会行使执行权，校监会行使监督权；在学术和教学管理方面，教授对专业如何设置等重大问题有较大的建议权，对课程内容和教学方式有决定权；通过学生代表入选校议会来保障学生在学校重大决策与学校管理中的参与权力。

按照现代大学制度规范，德国的应用技术大学已经形成了适应自身发展的较为完善的内部治理结构。例如，奥斯法利亚大学的治理结构在学校层面体现为校议会、校务会和校监会的相互制衡。校议会是学校的决策机构，负责审议通过专业设置与调整、校长人选提名、教授任免以及经费预算等重大事项，规则是每届任期三年，每年召开六次会议。校议会由13人组成，其中教授7人、科技人员2人、行政人员2人、学生2人。教授对重大事项的决策具有比较大的优势。校务会由1名校长和3名副校长组成，下设财务部、人事部、后勤保障部和发展与交流部四个部门，负责学校的行政管理，对校议会负责。校监会由7人组成，其中来自经济界（企业）5人、州教育部1人、校议会1人，实施对校务会和行政部门的有效监督。

教授治校充分体现在学校的各级决策过程中，譬如校长、副校长和系主任、副主任必须在教授中产生；在校议会和系议会成员中也是教授占多数。教授治学体现在教学环节就是实行教授负责制，课程的开设、教学设计组织、学生实验实训课程如何开展、科研经费的开支与管理等均由教授自己确定，这体现了学术自由。德国应用技术大学的这种治理结构充分体现了其"民主、高效、开放"的基本特征。

（三）德国职业教育治理的成功经验概述

1. 德国职业教育的治理具有明晰的法律保障

德国1960年的《青少年劳动保护法》、1969年的《职业教育法》、1972年的《企业基本法》、1981年的《联邦职业教育促进法》、2005年的《职业教育法》对德国政府、企业、行业组织、职业院校在职业教育中的功能、责任进行了明晰规定，使各方在职业教育治理结构中开展工作时有法可依，权责明确。对于经费、培训时间、培训合同、企业补贴、企业培训经费的缴纳都有详细的数字性说明和规定。

2. 德国职业教育在校企合作治理中以企业为主导

德国职业学校在职业培训方面的主要职能在于为双元制职业培训

提供配套的学校教育，还兼有为不具备参与职业培训资格的人员提供预备项目的职能。企业根据用工需求，确定学徒岗位，发布学徒招聘信息，签订学徒培养合同，积极主动寻找合作培养院校，制订学徒培养计划，完成学徒企业内培养部分，参与学徒的考核与职业资格认定。

3. 德国职业教育治理中行会发挥关键作用

在地方层面，德国工商业行会及手工业行会发挥了重大作用，主要负责对本地区企业内职业培训提出建议并实施监督，核定企业开展职业培训的可持续性，鉴定企业内培训指导人员的能力，登记职业培训协议，为职业培训及继续培训的中期及最终考试建立考试委员会，发布本地区培训章程。而对于各地区行会的监督则由各联邦州经济事务部门负责。

4. 德国职业教育主管机构都设有政府、企业、行会、教育机构等代表共同参与的协商组织

《职业教育法》等相关法律规定，职业教育主管机构设立毕业考核委员会，委员会包括雇主、雇员组织委托成员和职业学校教师；同时，联邦州层面职业学校相关的法律规定职业学校内及跨学校咨询委员会（理事会）须包括学校领导、教师、地方政府或教育部门、学生、家长、雇主代表、雇员代表、行会代表等。德国职业教育中多法人联合教育模式普遍，《职业教育法》第二部分第十条第五款规定，在原有教育合同完整性和各阶段教育得以保障的前提下，几个自然人或法人可以在合作教育联合体框架内合作，各自完成相应的合同规定的教育职责。

5. 执行以顾客为中心的职业教育质量管理体系

德国的职业教育评价包括外部评价和内部评价两个体系，内部评价是外部评价的补充和延伸，两者之间既相互独立又互相沟通。内外部评价的理念基本上是以顾客为中心，特别注重对学生从业能力的培养，那些能够支持学生获取从业资格并顺利地进入某一职业或行业的内容都是评估职业教育质量最根本的标准。注重对学校特色等定性内

容的评价，比如办学特色、专业特色、学校使命、学校定位与优势，而并非拿一把尺子衡量所有的学校。注重评价主体的多样性和代表性，评价主体有学校督导、学校领导、教师及非教学人员、学生代表、学生家长代表、培训企业代表、学生等多个方面，评价对于教授、教师考评及校长选聘都起着重要的作用。注重对"教与学"的过程评价，教师是否运用了职业教育的课程开发和专业教学法作为过程评价的重要指标；注重对职业教育结果的评价，学校设置了"工作绩效"评价标准，并以利益相关方的满意度和学生能力水平作为学校工作绩效考核的重要指标。注重评价方法的科学性，评价中针对不同群体设计分类问卷，当涉及不同群体参与评价时，采用问卷调查法、访谈法、观察法、文本分析法、现场巡查法等采集数据，而且为增强评价的客观性，所有访谈和课堂观察等必须由两个评价团员共同执行、分析和评价。

三、澳大利亚高职院校的董事会治理

澳大利亚大学治理模式受英国影响较深，而英国是世界上最早实行大学基金制拨款模式的国家。澳大利亚高职院校治理模式类似于英国1992年之前设立的大学治理结构，包含董事会、校务委员会和学术委员会等独立机构。澳大利亚联邦或州政府把治理的权责机构赋予董事会，执行董事会领导下的校长负责制和校务委员会、学术委员会等辅助决策制度。澳大利亚TAFE学院（技术与继续教育学院）是澳大利亚职业教育的办学实体，被政府认可并接受政府的监督，主要由各州政府管理。澳大利亚TAFE学院紧贴经济产业发展需求，主动服务学生成长发展需要，TAFE学院的治理体系，主要由政府牵头，由行业技能委员会主导，学校、企业、行业、社会专家、顾问共同参与制定职业教育能力标准体系，各技术与继续教育学院严格执行人才标准，严格执行培训质量认证体系和拨款应用体系。

董事会作为TAFE学院最高权力机构，决定发展战略、办学宗旨和办学方向，负责院校的业绩管理、监督评估、财务管理、问责体系等。校长由董事会任命，并对董事会负责，是学校的首席执行官和法人代表。著名高等教育管理评估委员会发表的《Hoare 报告》对澳大利亚高职院校的治理结构产生了深刻影响，认为董事会组成规模一般为 10~15 人，组成原则是必须包括不同利益相关者代表，以有效行使推进职业教育改革、质量监控、服务政府、取得政府和社会支持等内外部治理权责，充分调动各利益相关群体的主动性、创造性，促进职业教育发展决策的合法性和科学性。董事会下设校务委员会、学术委员会等机构，各专门委员会按照职责权限行使权力，对董事会负责。校务委员会拥有重大事务管理监督权力，聘任常务副校长为首席执行官。学术委员会决定教学和科学研究方面的学术权力，进行内部质量监督，以维持大学教学及研究水准，保障高校学术自由。澳大利亚 TAFE 学院治理结构划分明晰，在权力运行方面建有相互制衡机制，确保澳大利亚职业教育的国际地位与声誉。

四、新加坡高职院校的内部管理体制与运作

新加坡高职院校十分注重突显其办学使命，并且将学院的办学使命与院校的行政管理体制紧密地联系起来。以南洋理工大学为例，在明确学院办学使命是为新加坡科技、经济和社会发展做贡献以及为企业提供人力开发课程和有关服务的前提下，学院内部行政管理体系的建构必须确保学院的办学使命得以实现。为了充分发挥学院自身的潜力，围绕教育教学和学生能力发展，在内部行政管理机构设置上，追求提高行政效能，精简机构，便于部门纵向和横向之间的联系与协作；在内部行政管理意识层面上，崇尚团队精神、无界文化、终身学习、处处创新、超前意识、肯拼肯干、精益求精等理念并贯彻到实际工作中，形成了一整套比较完备的内部管理体系。

（一）学院内部行政管理体系

新加坡内部行政管理机构设置紧紧围绕学院管理功能而建构。例如，南洋理工大学实行学院董事会领导下的院长负责制，董事会成员共15人，主要由新加坡各企业、高等院校和国家部委代表组成。学院日常管理工作和专项任务由学院高级管理人员负责组织和实施。在学院的高级管理人员中，设院长兼总裁1人，副院长3人，分管教学与注册、科技和发展等工作。其他高级管理人员主要为内部行政管理部门以及学系的主任，部分人员可同时兼任2个主要职务。除学院董事会和高级管理人员外，学院还设有由少部分资深董事会成员组成的学院管理委员会，负责学院重大事项的研究。另外，学院还设有由院长、部分指定的高级管理人员和经选举产生的高级管理人员所组成的参议院，主要负责研究和制定学院内部行政管理政策、制度和重要工作计划等。此外，学院的顾问委员会为学院的行政管理工作提供及时的顾问咨询服务。

在学系内部实行学系主任负责制。学系内部设有行政服务和特别项目部，各个专业分别设有部门或中心，由部门或中心经理负责。在部门或中心里，按课程群或具体项目与任务分为若干小组，其中分别设有组长和成员。

（二）内部行政管理体系的主要功能

在新加坡高等职业院校中，学院董事会、管理委员会和顾问委员会等更多侧重学院宏观决策与管理，以及侧重学院与新加坡国家机构和社会与企业之间的联系。学院参议院和高级管理人员负责研究和实施学院的各项计划与任务。在学系内部，系主任全面负责本学系的教学、研发、人事等工作，部门或中心经理负责本部门或中心内教师安排、项目计划安排、课程开发、人事分配、教师休假等事宜以及协调各部门之间的工作。教师全面负责计划任务内的教学、研发和学系内的其他公益工作，负责考核学生学习成绩。学院实行下级向上级负责制。院长向董事会负责，副院长和学系主任向院长负责，部门或中心经理向学系主任负责，教师向部门或中心经理负责。

在新加坡的高等职业院校中，行政管理十分重视计划管理和项目任务管理，职责、任务和目标比较清晰。在已经架构的院校内部行政管理机构之间，学系和部门之间的团结协作能力较强，突出表现在他们提倡的团队精神和无界化理念。为了完成一个既定的计划任务或项目，各个学系或部门之间具有通力合作的机制，以确保既定任务或项目的完成。

新加坡高等职业院校内部人员聘用、工作分配和考核机制等方面充分体现了"任人为贤"和"以人为本"的管理思想，突出表现在工作任务安排更加注重每位员工的特点和能力，既有总体工作任务要求，又不主张千篇一律，教育教学、研发、继续教育和社会公益活动等方面都合理安排，特别强调部门内员工之间以及不同部门员工之间的配合和协作，考核工作实行上级给下级评定同时兼顾民主的分级考核制度，考核结果最终上报学院确定。薪水并非仅单独依据各个项目计算，而是通过全面考察每位员工全年综合工作的实际完成情况来加以评定，员工薪水以及综合评定等级作为个人隐私并不公开，以充分保障员工的个人权益。

例如，南洋理工大学对领导和管理工作关系具有独到理解。行政管理活动中的基本活动之一是领导工作，但这种领导活动并非唯一和孤立的上级领导下级开展工作的模式。每个下级部门横向之间的配合与协同作用也是行政领导与管理的重要组成部分，下级各部门之间形成近似本能的、自发的配合和协调行为是行政领导追求的核心管理成效之一。这种成效更多来源于新加坡历来倡导的团队精神和南洋理工大学致力推进的无界化理念，只有当在思想意识层面上形成共同的价值观时，这种横向自发的配合和协调行为才能得以实现。

五、日本高职院校的法人治理结构

日本高职院校在治理结构上有一定创新之处。日本在明治维新后，政治、经济、军事力量不断增强，逐渐走上了帝国主义道路，迫切需要大量实业型工业技术人才。因此日本建立了一批以实业为主的专科学校。日本高职教育以高等专科学校为主，此时其治理机制上行政权力占据主导之势，实行严格的集权管理。在模仿德、美等国家的治理模式一段时间后，即2000年以后，日本的高职教育逐步走出了一条治理改革的创新之路。

2003年，日本公布和实施了《国立大学法人法》，此举标志着日本高校治理进入法制化阶段。日本国立大学法人化后，政府控制方式由之前的直接控制转为间接控制。政府主要通过第三方评价方式对教学、科研和经营方面的业绩进行核查评估，决定资源配置和宏观调控。在日本，普通高等教育主要由大学承担，工程技术高等教育主要由短期大学承担，而高等职业教育主要由专门学校承担。专门学校是专修学校的主体，其入学对象为高中毕业生或具有同等学力者。日本约16%的大学属于技术类院校。日本政府把高等职业教育发展放在重要战略位置，在职业教育发展中企业培训的作用也非常突显。在高等专科学校的治理机制设计上重新定位并科学划分文部省与地方教育委员会的权限，吸收校内和校外人员共同参与。法人化改革后，学校增设了4个校级管理机构，包括校长选考会、理事会、经营协议会、教育研究评议会。从法人化后的治理设计来看，校长的任命方式不再是由教授会选举，而是举行校长选考会。校长选考会由校外人士参与、文部省任命，校长成为法人代表，兼具法人运营和大学运营的双重职责，使校长的权限得到增强。教授会依旧保留关于教授、副教授和讲师任免的审议权，保障了学术权力，为学术自由奠定了基础。经过摸索创新，日本基本形成了法人（校长）治校和教授治学相互结合、相互制约的治理结构机制。

六、英国职业教育完善的机构体系与决策模式

英国的职业教育管理机构包括决策、咨询、拨款、教学监管、证书考试、行业团体六大部分,贯穿基础教育与高等教育阶段,各利益相关方参与其中,具有类型多样、各司其职、专业互补等特点。管理内容涵盖了政策制定、专业咨询、质量监控、利益整合等职业教育领域的重要方面,各部门之间具有高度的专业性,形成环环相扣、专业互补的局面。

(一)各司其职、专业互补的管理机构

第一,决策机构。教育部和商业、创新与技能部是英国职业教育领域最重要的政府决策部门。其中,教育部负责16~19岁人口的职业教育,商业、创新与技能部负责19岁以上人口的职业与继续教育。这两个部门负责制定、执行职业教育与技能培训相关的宏观政策,同时要统筹协调各咨询机构、拨款机构、教学监管机构、证书考试机构和行业团体的工作,在整个职业教育管理体系中扮演着核心角色。

第二,咨询机构。在英国职业教育咨询机构中,最具代表性的是商业、创新与技能部下属的就业与技能委员会。该委员会的宗旨是服务工商企业界,促进就业与技能发展。其职责主要有以下三个方面:为工商界提供劳动力市场方面的咨询,帮助其科学决策;协助雇主高质量地做好员工培训工作;帮助制定和完善职业培训类政策。就业与技能委员会的成员多为工商界首席执行官、咨询顾问和工会代表,他们既是各工商界从业人员,也代表着不同利益主体的利益诉求。就业与技能委员会的成员构成决定了它既发挥着"专家智慧集合体"的功能,又扮演了"利益诉求集合体"的角色,有助于提升政策的科学性。

第三,拨款机构。在英国,教育部下属的教育拨款署,商业、创新与技能部下属的技能拨款署和英格兰高等教育拨款委员会负责职业教育领域的拨款,这三个机构在职能上各有侧重:教育拨款署侧重于

服务针对 16~19 岁人口的职业教育机构,技能拨款署侧重于服务针对 19 岁以上人口的职业教育机构,而英格兰高等教育拨款委员会则侧重于服务高等职业教育机构。在经费拨付形式方面,这些机构采用了基于质量监控的模式,职业学校(学院)每年的经费收入由其上一年度的教学质量评估结果决定;对于那些年度审核不合格的学校(学院),拨款机构将推迟或取消其拨款,从而鞭策其达到标准要求,保障职业教育的培养质量。

第四,教学监管机构。教学监管机构也是职业教育管理体系中的重要部分,英国教育领域的重要教学监管机构多为独立且中立的机构:一方面,这些机构协助政府部门对职业学校和培训机构进行监管;另一方面,这些机构并不依附于政府,而是保持了较高的独立性和专业性,通过专业化的研究与分析,提供具有较强科学性的调研报告。

第五,证书考试机构。英国的证书考试机构涉及教育和培训的各个领域。在职业教育领域,考试机构的工作主要围绕各类职业资格证书展开,提供证书门类的设计、各科考试的运营以及相关培训业务。比较有代表性的职业教育证书考试机构是城市行业协会,这是一家专门提供各类职业资格证书的机构,其合作伙伴包括约 8 000 个职业学院、教育机构与雇主,其中有建筑工程、制造业、信息技术(IT)、商业、保育、看护、创意设计、体育运动等多个领域的 500 多个种类。

第六,除上述官方与半官方的管理机构外,行业团体在英国职业教育管理体系中也占有重要地位。行业团体虽然并不直接参与职业院校与培训机构的办学,但汇集了各方利益相关者代表、凝聚了多元利益诉求,通过其在职业教育院校、政府部门、半官方管理机构中的代理人发挥政策影响力,因此,其成为政府与利益相关者之间的"桥梁"。行业团体主要职责通常包括:确定劳动力市场的技能需求;制定技能标准;提供技能需求解决方案。

(二) 科学的决策模式

在职业教育政策制定过程中,利益相关者参与度高,咨询机构、管理机构、证书考试机构与行业团体中的各利益相关方代表均能通过其所在机构传达自身利益诉求。职业教育决策兼顾多元利益诉求，提升科学性和普遍接受性。其中，就业与技能委员会是职业教育领域最重要的咨询机构，在英国职业教育的决策过程中发挥着尤为重要的作用。就业与技能委员会的主要工作是通过举办成员大会进行政策研讨并基于研讨的成果提供政策咨询建议。该委员会每年召开 3~4 次会议，不仅所有委员均出席，还有来自威尔士政府、苏格兰政府，以及英国商业、创新与技能部等政府教育部门的官员出席。会议内容包含对上次会议决议的评审，对上一年度工作的回顾，以及对下一年度工作的规划。会议通过充分讨论，做出若干决议。决议将上报政府教育部门，并作为职业教育咨询文件，向社会公开。

第二节　发达国家高职院校内部治理特点及启示

我国高职院校起步晚，发展时间短，与国外高职院校相比，治理经验还不够成熟，而国家治理体系与治理能力的现代化建设，对高职院校的治理能力提出了更高、更明确的要求。"他山之石，可以攻玉"，借鉴国外高职院校的内部治理经验，可以加快我国高职院校的治理步伐，有效提高治理水平，促进我国高职教育的创新和发展。

一、发达国家高职院校内部治理特点概述

（一）外行管理与内行负责相结合

例如，美国教育界普遍认为校外人士更能代表公众的利益，因此，在高职院校董事会的构成上，校内人士所占比例很低。外行董事会能够有效避免学校内部利益群体对大学的控制，更好地反映出社会的需求，吸纳有利于学校发展的外部资源，加强学校与社会的联系；还可以在政

府和学校之间起到"缓冲器"的作用,有利于协调各方面利益。然而,董事会成员中教育专家人数过少必然不利于内行管理,因此,董事会将学校日常行政事务委托给校长及其领导的行政团队,将学术事务委托给由学术人员组成的评议会,让他们从专业的角度治理学校。这种外行管理、内行负责的模式有利于克服各自在治理方面存在的不足。

(二)权力分立与职责制衡相结合

虽然发达国家各高职院校的治理体系不尽相同,但各国高职院校的治理机构都具有相对的独立性。英国高职院校实行董事会领导下的校长负责制,董事会负责高层决策,校长负责落实实施;董事会下设各个专项委员会,由董事会授权全面负责各自专项领域,提名委员会或治理和遴选委员会负责董事会成员的推选,财务委员会、审计委员会负责财务与审计,薪酬委员会负责全校职工工资水平评定,课程和质量委员会负责教学与研究事务等,各委员会各司其职,权责明晰。校长领导的高级管理团队也各有相应的主管事务,分工明确。各高职院校都在学校章程中明确规定了学校各重要机构、职能部门、高层管理人员等的主要权责。

譬如,在英国高职院校的内部,尽管学校各治理机构之间相互独立,职责分明,但也相互监督、相互制约。董事会虽有最高决策权,但其制定的制度和决议、决策等受到相关委员会的检查和审核。例如,董事会所制定的高管薪酬政策和制度需要接受薪酬委员会的审核,该委员会可对高级岗位的具体薪酬和福利提出建议,并具有最终决定权;治理和遴选委员会对董事会进行定期的能力稽查;课程和质量委员会也会细察董事会制定的相关教学政策。校长虽然依照董事会的意见与决策治理学校,但作为负责学校运作的实际治理者,也有着很大的权力,处于权力结构的顶端,不过,其依然要接受董事会的监督,对董事会负责。由此可见,英国各高职院校内部的治理机构之间既有分工,也有合作,并且相互制约。

基于对纳税人负责的原则,更是为了学校的健康发展,在高职院校的内部治理方面,德国也表现出其国家治理的诸多特点,如有的应用技术大学在设有"校务委员会"的同时还设有"咨询委员会"和"监事会"。"咨询委员会"由银行家、校外专家、政府代表等组成。"监事会"一半人员由政府推荐的其他大的校级领导和大企业的CEO组成,另一半是由本校校务委员会的教授成员组成。"校务委员会"在重大问题上要听取和参考"咨询委员会"的咨询意见。"监事会"每学期召开1~2次会议,听取学校情况报告。学校接受"监事会"的监督。在职业学院中,监督的职责由"董事会"和"专业委员会"共同完成,要求"董事会"既要保证双元制大学服务于社会,又要维护双元制大学的利益及其相对独立性,"专业委员会"具体负责所有专业教学和培训内容的检查。

又如,美国高职院校将治理权力划分为既相互独立又相互制约的决策权、行政权、学术权三个部分并建立相应机构分别来行使三方面权力,即董事会是最高决策者,把握学校的方针政策,校长是行政总裁,主持学校所有行政事务,评议会是学术首脑,负责学校学术事务,各内部治理主体之间分工明确、各司其职。除此之外,各治理主体都有各自的制约机制,董事会、校长职位本身及产生过程就会有约束作用,校长和评议会在以专业角度治理学校的同时,也对董事会进行监督。校长和评议会具有各自相对的独立性和自主权,但他们产生于董事会,受托于董事会,向董事会负责,同时,两者之间既相互配合、相互支持,又相互监督。美国高职院校内部治理结构体现了董事会、校长与评议会三大治理主体之间权力分立与制衡的关系。

美国社区学院大部分办学经费来源于政府,但政府部门并不直接对各学校进行评估,而是实行第三方认证制度,由社会机构对各校进行公正科学的认证评估,从而实现社会对社区学院的有效监督。美国联邦教育部和社区教育协会规定,教育机构每五年必须接受一次办学资质的评估认证,通过认证的才可颁发相应的资质证书。这些认证机构包括全国护理联盟、全国协同招生联盟、幼儿教育协会、工程与技术认证委员会等。从参与社区学院治理的认证组织分布范围来看,认证机构分为全国性认证机构和地区性认证机构;从认证内容来看,则有院校认证机构和专业认证机构两种。这些认证机构通过对院校或专业进行资质认证的方式参与学校的治理,对学校的教学质量起到有效的监督和保障作用。

(三) 充分保障教师和学生在治理方面的主体地位

发达国家高职院校在内部治理方面十分重视教师和学生的教育教学主体地位。例如,德国的奥斯特法利亚应用科技大学在学校的各级决策过程中体现出了教授治校的鲜明特点,该校规定校长、副校长和系主任、副主任必须在教授中产生;校议会13个成员中,教授占7个,而且在系议会成员中也是教授占多数;教学环节实行教授负责制,课程如何开设、教学如何组织、学生实验实训课程如何开展、科研经费如何管理等均由教授自己确定。德国以应用技术大学和职业学院为主的"双元制"大学,通常都设有"专业委员会",各技术专业委员会是双元制大学各专业领域的最高学术机构,其成员由院长聘任,主要由学校、企业和社会上本专业有关专家和学者等若干人组成。各技术专业委员会主要任务如下:第一,为院长提供专业教学领域的咨询;第二,研究和审定教学计划、教学大纲和教材;第三,在双元制大学统一的培训内容下,对学校和企业两个培训地点的专业性问题负责;第四,选择和评估专兼职教师。德国高职院校的上述机构设置和机制不但体现了学术自由的传统,更为重要的是教师在学校中的主体地位得到了充分的彰显。

德国高职院校中学生的主体地位也得到鲜明的体现,如兰茨胡特应用技术大学学生会成员全部来自学生,有的通过直接选举产生,有的则由各系选举产生。其中1位直选学生还进入校务委员会,在委员会中和其他委员一样行使投票等职权。学生会参与学校部分涉及学生利益的会议和决策(如食堂管理、学生宿舍管理等事务),代表学生权益组织讨论会、晚会、新生学习、生活指导、公共事业事务的建议等各种活动。在德国高职院校中,教师可以独立行使教学管理和教学职权，学校无权解聘教授，校长只能对教授所出的考试题提出建议，能够约束教授行为的只有学生评价。另外，学生会所在的州会还拨付专项经费支持学生会的正常运行。

又如，新加坡南洋理工大学学生的"主体价值"在学校里也得到了极高的尊重。学校的对内、对外宣传以学生为主体，学院、学系的各种画册、宣传窗及对外宣传资料宣传的人物几乎全是学生。食堂服务人员没有固定午休时间，全日为学生提供服务。学校设有专门的辅导员教师为学生提供心理咨询等服务。所有教师都要兼任导师，指导学生的生活与成长。教员与高、中、下层职员均实行坐班制。和食堂工作人员一样，教师、实训人员也没有固定的午休时间，全日为学生提供教学与服务。正是诸如此类独特的治理文化，造就了南洋理工大学"组织无界化""无货架寿命""教学工厂""双轨运行""电子学习坊"等多种办学特色，推动了学校的快速发展，也为新加坡的经济社会发展做出了应有的贡献。

（四）治理主体多元化，各治理主体职责分明

"现代高等教育治理，从整体意义上讲是一种多源流的治理框架，即高等教育政治（政府）源流、市场（社会）源流、学术源流等治理主体多元化或多中心的治理模式"。国外高职院校在长期的管理实践中不但建立了完善的治理体系，而且对各职能部门的职责进行了明确分工。例如，美国的社区学院办学定位和功能作用准确，是一种由多元主体构成的相对比较平衡的市场（社会）化源流的治理框架。在外部，联邦政府、州政府为社区学院构筑了一个虽多元却相对自主自治的环境；在内部，多主体共建、共管，决策的互动性、参与性、民主性及科学性充分展现。又如，德国高职院校的内部治理架构大都分为重大事务决策层、行政事务执行层和教学及研究事务实施层三个层次，每个层次由若干个委员会或职能部门组成，而且分工明确。"应用技术大学是德国工程师培养的主力军"，其重大事务决策机构是"校务委员会"，与此不同的是，德国各职业学院的重大事务决策机构是"董

事会"（或称"管理委员会"）。董事会的主要职责是：第一，审批学院的建立或撤销、专业或专业方向的设置及双元制大学校长的聘任。校长对董事会负责并承担双元制大学行政首长的职责。第二，董事会成员代表社会的公共利益，决定学校办学等方面重大的方针政策；既要保证双元制大学服务于社会，又要维护双元制大学的利益和其相对独立性。第三，科学预算学校运行经费，确保办学经费投入。第四，起草、制定培训章程、考试规程和相关管理工作条例等，协调各双元制大学之间的事务。在行政事务执行层方面，德国的应用技术大学成立了由校长和副校长、行政总监组成的"校长委员会"，负责学校运行。在教学及研究事务实施层方面，主要是由专业系及其下设的教学、科研一体化机构来完成。

（五）治理方式趋向扁平化

从组织结构形式方面来看，发达国家的高职院校无论是共同治理现状还是协调治理趋势，均是一种分权化的治理模式；从治理路径的本质来看，则依然是州政府或行业、企业等外部力量主导的垂直性管理；从纵向的权力任命角度来看，通常，董事会会长由州政府任命，校长由董事会任命，委员会由董事会下设，遵循的仍旧是自上而下的垂直性等级管理。所不同的是，它是一种日渐趋向扁平化也更科学的组织模式。例如，美国安妮阿伦德尔社区学院的学生工作主要由学生事务管理中心承担，这一机构受主管学生工作的副校长领导，而具体的学生事务管理机构则分配在教学单位层面，且在内部保持相对的独立性，责任明确，功能高度分化，因此整个学生管理体系呈线状却扁平化的模式运行。又如，德国设计了一系列机制，覆盖职业教育全过程。从职业教育宏观决策、标准制定以及标准实施和教育教学、考试各环境建立了联邦、各州、区域以及学校各层面的机制，同时，建立联邦与各州、各州之间的横向沟通协作机制。这些趋向扁平化的运作机制既保障了人才培养的质量，又实现了人才培养与经济发展和劳动市场需求的有效结合，达到了良好的治理效果。

二、发达国家高职院校内部治理经验的启示

纵观发达国家高职院校在其内部治理方面所取得的成功经验和鲜明特点,应该说各具特色,其先进做法有不少地方值得我们借鉴。国情差异和基础不同决定了我国高职院校不能生搬硬套国外高职院校的内部管理体制,而是需要学习其有益的做法,根据中国特色的社会环境,结合我国高职院校内部治理现状以及自身办学特色来实现高职院校内部管理改革的本土化与国际化的结合。

(一) 精简机构,提高治理效率

高职院校在组织结构再造过程中,既要依据高职教育特点对高职院校组织结构及其功能进行探索,又要基于经济社会发展的新情况对高职院校生存环境的变化进行研究,以便建立起真正具有产教融合、校企合作功能的组织结构。我国高职院校的治理可以借鉴德国"小行政""大教学"的经验,建立企业、社会各界人士参与的校董事会,营造民主管理机制并使其运行,将管理权限置于公众监督之下,从而提升高职院校管理决策的正确性和对市场需求主动敏感的反应能力。与此同时,以教学和科研为中心,改革传统管理体制,适当精简机构;挑选精兵强将,减少管理层级,适当增加中层管理的管理幅度;对不必要的机构分别采取合并、整合或服务外包方式;实施招生、教学、科研、社会服务权力下移,充分发展二级学院的自主性。

(二) 科学进行顶层设计,出台符合各高职院校特点的规章制度

尽管都是实施高职教育的职业院校,但从治理体系和治理机制上来看,德国的应用技术大学和高职院校存在着差异,最终却是殊途同归,都实现了各自的治理目标,两种职业院校都得到了良好发展。我国的高职院校本来在管理方面还存在一些需要改进的地方,如今又要

从管理向治理转型。为了降低改革风险，必须要科学地进行顶层设计。首先，要明晰管理与治理的区别。"一个园艺师、一个钳工和一个大学教授，在德国社会中的待遇基本是一致的。"现代意义上的治理是基于利益相关方平等的法律地位，协商的契约关系，共同的发展理念之上的，有利于各利益方形成合力。因此，高职院校的制度建设必须兼顾各利益主体的实际情况，系统规划、科学设计，以促进高职院校在激烈的市场竞争中实现创新发展。其次，要明确高职院校内部治理的目的。高职院校实施内部治理，目的在于加强制度建设，特别是要用法治思维和法治方式化解矛盾，鼓励和支持利益相关方的积极参与，激发组织活力，使组织运行走上制度化、法治化、科学化轨道，推动高职教育又好又快地发展。最后，要分清主次，循序渐进，稳步推进。高职院校内部治理要从思想观念转变入手，树立多元主体平等的法治观念。以体制机制改革为抓手，解决如利益、社会地位等主要矛盾及矛盾的主要方面，解决焦点问题、共同关切问题，进而推进治理体系、治理体制、治理机制的全面深入改革，提高现代化的治理能力，充分调动各利益相关方的积极性，以获取发展的最大合力与动力。

（三）行政与学术相对独立，强化教师在学校治理中的地位和作用

高职院校本质上属于学术组织，过多的行政干预不利于学术组织主观能动性的发挥，容易使行政组织养成"人浮于事"的习惯，最终导致学校整体效率低下。我国的高职院校改革应学习借鉴发达国家职业院校行政与学术相对独立又相互制约的成功经验，建议在高职院校成立专门的学术委员会、教学委员会、职教联盟理事会，规定学校党委会、校长办公会的职权范围和决策规则，真正发挥学术委员会、学校理事会（董事会）等组织在决策中的作用；建立由教师、学生及家长代表参加的校务委员会，完善民主决策程序；建立由当地政府、行业企业人员、优秀校友代表等各方参加的学校理事会或董事会，形成校企合作决策机制；扩大教授、专业负责人、学术带头人等参与教育、

教学管理的权限。与此同时，强化职业院校教师评价的类别特色，把企业实践经历纳入职业院校教师准入标准，细化教师职业成长不同阶段的资格要求，深入推进职业院校教师专业化管理，发挥教师在学校治理中的主人翁作用。

（四）突出职业特色，增强育人针对性

高职教育作为一种独特的教育类型，在人才培养目标定位和教学模式上具有不同于普通高等教育的自身特色，非常强调紧贴经济社会发展需求办学。校企合作、工学结合是其显著特点。因此，就要求高职院校的内部治理体系应与这种办学特色相适应。发达国家高职院校的管理通常体现了这一特色，大多吸收了校外的社会人士参与学校的监督、咨询甚至决策工作，使学校的办学与经济社会发展紧密联系。例如，美国社区学院董事会主要由校外人士组成，从而使学校的办学可以紧贴社区需求；德国"双元制"大学设立协调委员会，在管理体制上就保证了校企的"双元"合作。我国高职院校在推进内部管理体制改革过程中要充分考虑校企合作的体制机制创新，比如在组织结构设计上需要充分考虑校企合作的要求，设立校企合作管理机构并赋予其清晰的统筹全校校企合作的职责，从而理顺校企合作的管理体制，并在治理结构上需要体现行业企业的利益诉求。学校理事会的组成既要体现多元化特色，又要吸纳行业企业代表参加，以实现"产教深度融合、校企合作育人"的目标。

（五）政府适度放权，构建与市场经济相适应的治理机制

政府在高职院校发展中应利用市场手段实现公共教育资源的优化配置，避免直接使用行政手段对其进行干预。欧美国家一般通过立法、筹款、政策导向等间接的宏观调控手段影响高职院校的办学实践，至于对其办学质量、办学规范的评估、诊断和评价，一般通过非政府性质的社会组织来进行，对其办学自主权给予充分的尊重，有利于实现高职院校的自治和充分竞争，从而实现教育资源的合理配置。在市场

经济条件下，高职院校之间的竞争不可避免，一所学校的社会声誉和办学成果会受到其治理结构和治理机制的直接影响，从而影响社会相关力量对学校办学的支持力度和投资力度，因此，只有构建多元化的投资主体渠道、成立董事会等机构，才能有助于高职院校向独立的法人实体和经济实体转变，才能构建起符合市场经济要求的内部治理结构。

第四章　高职院校内部治理制度的设计与完善

　　科学设计与完善内部治理制度是推进高职院校内部治理变革的基础工程，建立健全大学章程则是构建现代大学制度的基础性工程。《教育法》与《高等教育法》都特别强调高等院校须制定章程，并就实施推进提出了明确要求。章程在高职院校的制度体系中具有"治理宪法"的属性与价值，是高职院校治理法治化与现代化的集中体现。国务院《关于加快发展现代职业教育的决定》也明确指出："职业院校要依法制定体现职业教育特色的章程和制度，完善治理结构，提升治理能力。"事实上，对于高职院校而言，章程既是构建现代职业教育体系的客观需要，也是健全现代大学治理制度的现实载体；既是推进内涵发展的必然要求，又是衡量办学水平的重要标志；既是提升内部治理水平的逻辑起点与必然选择，也是设计与完善内部治理制度的基本原则与主要依据。高职院校要在尊重现代职业教育发展规律和学校实际情况的基础上制定与完善章程，并以此来建立健全教育教学、科学研究、教师发展、学生管理与服务、后勤保障与服务、安全与保卫等内部治理制度，从而充分保障各利益相关者的根本利益。只有这样，高职院校才能通过建立完善以章程为核心的制度体系来明确利益相关者的职、权、责、利，促进高职院校内部行政权力、学术权力、民主权力的动态平衡与良性运行，不断夯实以章程为主体的制度建设在推进高职院校内部治理变革中的基础性作用。与此同时，高职院校还要创建制度平台、规范实施程序、确立运行标准，建立健全有利于提升内部治理质量与水平的相关制度与规范，如高职教育人才培养方案、人才培养质量保障与监测制度、"双师型"教师队伍培养培训制度、教育教学督导制度、就业质量报告制度、专业建设标准、课程建设标准等。

第一节　高职院校内部治理制度的结构缺陷

科学合理的制度结构和制度设计是决定高职院校治理实际运行绩效的重要因素。部分高职院校现有的内部制度体系的确存在着一系列迫切需要解决的问题，尤以管理"官僚化"和学术"行政化"表现得最为突出。探究造成这些问题的根源，不仅应从历史制度因素和现实制度环境来进行分析和归纳，更要从高职院校自身权力结构存在的制度性缺陷等内生因素中去寻找答案。分析、理解和认识高职院校的内部制度性缺陷，对于进一步调整、优化和创新高职院校内部的管理制度和运行机制而言具有很强的现实意义和帮助作用。

一、制度结构的内部边界存在模糊性

所谓制度结构的内部边界，其实质就是具体制度结构下的权力边界问题。"权力边界"是一个相对性的概念，简单来说，就是两种以上的权力之间，各自划分权力的运行领域和作用范围，对于单一的权力而言，并不存在权力边界的问题。在现实中，权力边界一般反映为行使权力的不同主体所实际履行的职权和应当承担的职责。从高职院校内部权力关系的现实情况来看，政治权力、行政权力和学术权力作为三种主要的法定权力，其权力的实际边界呈现出一定的模糊性，有时三者互相交叉、侵蚀和干扰，党政不分、政学趋于一体是其真实写照。

就党委和校长行使职权的法律依据来看，政治权力和行政权力作为高职院校内部长期存在的法定权力，其权力来源和法理依据就是《高等教育法》、教育部行政法规，以及党的高等教育路线、方针和政策。通过仔细对比相关的法律、法规和政策条文，不难发现其关于党委与校长职权和职责的规定一般都过于笼统，有些方面存在着明显的

交叉和重叠。例如,《高等教育法》在规定党委负责"讨论决定事关学校改革发展稳定及教学、科研、行政管理中的重大事项和基本管理制度"的同时,又规定校长"全面负责教学、科研、行政管理工作";规定党委"领导学校的思想政治工作和德育工作"的同时,又规定校长"组织教学活动、科学研究和思想品德教育";规定党委"讨论决定学校内部组织机构的设置和内部组织机构负责人的人选"的同时,又规定校长"按照国家法律和干部选拔任用工作有关规定,推荐副校长人选,任免内部组织机构的负责人";等等。2014 年出台的《关于坚持和完善普通高等学校党委领导下的校长负责制的实施意见》,虽然在明确党委和校长职权方面做出了进一步的努力,其规定相较于原有政策、法规也更为清晰、详细和具体,但是也不难发现,这种努力的核心仍然集中在划分党委和校长的总体权力方面,即"党委统一领导学校工作"和"校长主持学校行政工作",并突出强调了党委决策和校长执行的基本权力关系和运行机制,而在操作层面,并未对应当由党委"集体讨论决定学校重大问题和重要事项"的标准和内容做出明确限定,依然存在着党委全面介入学校日常行政管理工作的可能,高职院校党委和校长职权的交叉、重叠问题没有得到根本性的解决。如此一来,党委的政治权力和校长的行政权力间就存在一定的权力"灰色地带",不仅导致了政治权力和行政权力相互渗透以及权力边界的交错和拉锯,更为党委书记和校长基于政治实力进行权力竞争和利益博弈提供了现实可能,容易出现"党政不分""以党代政""政实党虚"等现象。

就党委、校长与学术委员会之间的实际权力划分来看,由于国家法律、法规和高职院校的管理制度没有对学术委员会的自主管理权力进行较为明确的规定和保障,政治权力和行政权力对于学术权力的扩张和侵占问题始终没有得到有效的解决。例如,《高等教育法》中规定:学术委员会"审议学科、专业的设置,教学、科学研究计划方案,评定教学、科学研究成果等有关学术事项",然而同样是《高等教育法》,既规定了党委"讨论决定教学、科研重大事项"的学术决策权力，又规定了校长"全面负责本学校的教学、科学研究"和"组织教学活动、科学研究"的学术决策和执行权力，直接提供政治权力和行政权力向学术权力扩张的法律依据。虽然最新颁布实施的《关于坚持和完善普通高等学校党委领导下的校长负责制的实施意见》明确提出"加强学术组织建设，健全以学术委员会为核心的学术管理体系与组织架构……充分发挥其在学科建设、学术评价、学术发展和学风建设等方面的重要作用，积极探索教授治学的有效途径"的具体要求；但是这样的要求明显过于原则化，无法作为现实限定政治权力、行政权力与学术权力边界的制度性依据，从而导致一些高职院校的学术委员会成为有名无实的"虚设"机构。

二、制度结构的内部关系存在不平等性

高职院校制度结构的内部关系存在不平等性，其实质就是学校内部的各种主要权力呈现出一种层级性的纵向结构以及权力间的实际从属和依附关系。在现实中则表现为政治权力对于行政权力和学术权力的领导关系，以及学术权力对于行政权力的从属和依附关系。政治权力与行政权力和学术权力的领导和被领导关系是由历史的、现实的、制度的等一系列客观因素所决定的，不仅是党对国家的领导在高职院校内部的一种具体体现，而且是高职院校坚持社会主义办学方向的重要制度保障，更是我国高职院校在制度结构上区别于资本主义国家大学的根本标志。

从学术权力与行政权力的关系来看，在高职院校行政权力和学术权力的博弈历程中，行政权力大多数时间都处于竞争中的优势地位。这种竞争优势不仅源于行政权力相较于学术权力的高效决策能力和强大执行能力，更源于现代大学内部组织结构日趋复杂和管理内容日渐广泛所需要的强大行政管理和统筹能力。德国和英国作为学术自治发源地，也正是大学行政权力日益表现出明显扩张趋势的根源所在。而对于历史上本来就缺乏学术自由和学术自治传统的中国公立高校而言，

学校内部的行政权力对于学术权力一般情况下具有压倒性优势。虽然这种情况在改革开放以后得到了很大的改观，但是学术组织（特别是学术委员会）并没有真正统筹行使学术事务的决策、审议、评定、咨询等职权。此外，目前部分公立高校的行政权力在学术性事务决策、学术管理规则制定以及学术资源分配等重要学术事务方面仍然具有关键性的话语权和决定权，学者们往往出于"自利"的理性选择而主动向行政权力靠拢，学术权力从属于行政权力也就成了自然而然的事情。正如有论者所指出的："之所以高职院校中的很多学者都有所谓'学而优则仕'的愿望，是因为行政职位除了本身所具有的刚性权力外，还能够使柔性的学术权力'硬化'，以确保学术权力总是能够带来学者所欲求的效果。"

从学术组织与行政系统的关系来看，学术委员会制度设计的初衷，就是要在党委政治权力的领导下，以校长为首的行政管理系统和以学术委员会为核心的学术自主管理组织在学校的行政事务管理领域和学术事务领域，能够相对独立地运行和履行职责，并通过有效的咨询、建议、协商、合作与统筹机制形成一种良性的、平等的、有效的互动关系。事实上，当代中国高职院校内部的行政权力与学术权力间不平等关系的长期存在，学术委员会等学术性组织，一般只能发挥审议、咨询和建议等作用，其决定、审议或者裁定的结果必须依靠外力来予以执行，而这种外力理所当然地指向学校内部强大的行政管理系统，学术委员会本身几乎不存在自主行动能力和对于违反规则行为的惩戒能力。一般情况下，高职院校学术委员会的主要负责人都要由校长或校长授权的行政部门进行"任命"或予以"确认"，而学院学术委员会的负责人不仅由学院党政领导班子来研究提名，更要听命于同一层级行政机构主要负责人的"建议"，使部分高职院校的学术委员会成为学校管理者标榜学术自由和学术自主管理的形式和工具。

三、制度结构的内部运行方式存在单一性

"科层制"作为当下中国公办高职院校内部的基本组织形式,对于提高学校内部管理效率和管理水平仍然发挥着非常重要的积极作用。按照管理学的一般原理,"科层制"组织结构在具有决策和执行优势的同时,也存在一定的缺点。一方面,由于权力的高度向上集中,组织结构底部缺乏相应的自主决策和行动能力,组织活动往往缺乏足够的整体活力;另一方面,由于"命令—服从"逻辑的存在,在这一组织形式下,有时缺少民主参与和有效监督机制,决策存在更大风险性,而且一旦决策失误,组织付出的代价也会更高。事实上,除历史和文化因素外,正是由于"科层制"的长期存在,中国高职院校内部的政治权力、行政权力和学术权力往往集中在学校组织结构的顶层,并普遍反映出一种自上而下的"单一性"权力流向和运行逻辑,这不仅导致了学校内部权力结构"头重脚轻"的不平衡状态,而且造成了学校内部有效激励机制的缺失,尤其是对于行政权力和学术权力的组织体系内部而言,这种权力结构不平衡的现象表现得更为突出。

从行政管理系统的运行方式来看,目前相当一部分高职院校内部人、财、物等主要行政管理权力一般还集中于学校层级,特别是集中于校长、副校长等学校高层管理者的手中,学校行政管理工作仍然保持着类似于政府的自上而下的行政命令和执行方式,基层学院自主决策权力和行动能力依然较弱,基本还是按照学校的行政指令来办事。虽然在"校院二级"管理体制下,许多高职院校进行了一些校院分权的改革和尝试,但就其实际推广情况来看,结果并不尽如人意。高职院校内部层级办学主体的实际自主办学能力仍然较弱,重要人事决定权、财务支配权、资产分配权、绩效分配权、职称评定权等都还掌握在学校手中。

从学术组织的运行方式来看,就当前大多数高职院校内部学术委员会的实际职能和作用而言,目前还不能算作真正意义上的学术自主

管理组织，一般只能发挥学术评议和咨询等功能。虽然高职院校的学校章程和相关制度都规定要实行院、系（部、二级学院）两级学术委员会制度和专门咨询委员会制度，但实际上，大部分高职院校只设立了校级层面的学术委员会。少数高职院校设立了基层学术委员会和专业建设、科学研究、师资队伍建设、校企合作等专门的咨询委员会，但就学术委员会的实际运行来看，其运行方式和上下层级关系表现出非常明确的类行政组织性，各级学术组织之间也往往体现为上级学术组织对下级学术组织的"指导"关系，而这种"指导"实际上就是一种控制和约束关系。基层学术委员会和校内的专门咨询委员会一般要按照校级学术委员会确定的原则、标准和程序来开展相关的学术评议工作，上级学术委员会往往也有权力推翻下级委员会做出的决定。学术自主管理的理念在学术委员会组织体系内部都没有得到很好的实现，这也是高职院校内部行政权力泛化的又一重要表现。

第二节 高职院校内部治理制度的理想框架

有效的治理必须要以稳定的制度结构和有效的制度供给作为基础、保障和动力。内在的权力结构决定着外在的现实制度结构，而理想化的制度结构在理论上则必然聚焦于权力结构的理想框架。对于中国高职院校而言，其内部除了现代大学一般意义上的学术权力和行政权力的"二元权力结构"之外，还存在一种具有中国特色社会主义的重要权力形式，即党对高职院校领导的政治权力（也可以说是党委的政党权力）。这种政治权力对于学术权力和行政权力是一种领导与被领导的关系，这种领导与被领导的关系是由国家法律明确规定的，中国高职院校内部呈现出明显不同于资本主义国家大学的特殊权力结构。政治权力、行政权力、学术权力是当下中国高职院校内部权力的主要类型。

一、领导性的政治权力

中国高职院校内部的"政治权力"是指中国共产党对于高职院校的政治领导权力，在具体的权力关系上体现为政治权力同行政权力和学术权力的领导与被领导关系，"领导性"是"政治权力"的根本属性。"政治权力"从本质上来看，是由中国特色社会主义国家性质所决定的，是为了保证党对公办高职院校的领导和保持高职院校的社会主义办学方向，是中国高职院校所独有的权力类型和表现形式。从"政治权力"的来源来看，中国共产党作为中华人民共和国的执政党，是中国社会主义建设事业的领导核心，党对国家的领导必然决定了党对公办高职院校的领导，而这种领导地位也被《高等教育法》等国家法律所明确规定，即高职院校内部的"政治权力"是一种国家法律赋予的典型的"制度性"权力，并以国家强制力作为基本保障。"政治权力"作为中国共产党的执政意志在公办高职院校的具体体现，其根本目的就是保证公办高职院校的社会主义办学方向，而它的主要任务则是在公办高职院校内部"执行中国共产党的路线、方针、政策，坚持社会主义办学方向，领导学校的思想政治工作和德育工作，讨论决定高职院校内部组织机构的设置和内部组织机构负责人的人选，讨论决定学校的改革、发展和基本管理制度等重大事项，保证以培养人才为中心的各项任务的完成。"一个总的认识是，公办高职院校内部一切政治性事务都要由党的"政治权力"来领导，一切关系到学校发展和建设的重大事项都要由党的"政治权力"来决定。

《高等教育法》规定："国家举办的高等学校实行中国共产党高等学校基层委员会领导下的校长负责制。"基于这样的法律条款，公立高职院校内部"政治权力"的主体自然应该归于"党在公立高职院校设立的基层委员会"这一组织以及在学校党委领导下的各级党的组织，即高职院校党委是"政治权力"的唯一拥有者，代表中国共产党，并通过党的组织来集体履行领导公立高职院校的具体职责。"政治权力"的授予对象是公立高职院校党委这一组织,而不是某些个人,更不是学校的党委书记。换言之,政治权力的基本载体是公立高职院校内部的党组织,党对高校的领导实行的是民主集中制原则下的集体领导,党组织内部的个人只是按照工作分工和职权划分来代表党组织具体行使政治权力,在这一点上同党对国家的领导存在高度的一致性。绝不能将高职院校党委内部的个人(特别是党委领导干部)视为政治权力的拥有者,因为这种观点本身就是一种"人治"主义倾向的典型表现。

二、管理和服务性的行政权力

在我国,高职院校实行"党委领导下的校长负责制",其制度设计的初衷是按照"委托—代理"关系,由校长行使高职院校内部的行政权力,即国家作为公办高职院校的出资人,委托高职院校的校长对高职院校进行日常管理,而党委作为党和国家政权的代表对校长进行领导和监督。校长的行政权力和高职院校党委的政治权力一样,均由《高等教育法》《关于坚持和完善普通高等学校党委领导下的校长负责制的实施意见》等国家法律和政策性法规明确规定,是高职院校内部的另一重要的法定权力。国家按照权责一致的原则,通过明确高职院校承担的具体"职责"来确定院长拥有的"职权",这种方式更为强调的是"责任",而非"权力"。换言之,之所以采取校长"负责",而不是校长"管理",是因为其突出了国家和政府的"委托"与高职院校校长的"代理"的现实关系,即高职院校是国家所有,而校长的任务则是担负起管理好高职院校的责任。从这个意义上看,虽然同为法定权力,但党委的政治权力和校长的行政权力在权力的性质上和程度上存在着差别。校长的"行政权力"界定为一种法定的"职位性"权力应该更为合适。公办高职院校校长"行政权力"的主要内容表现在如下方面:贯彻党的教育方针,组织实施学校党委有关决议,行使《高等教育法》等法律法规规定的各项职权,全面负责教学、科研、行政管理工作等。在行政权力的运行过程中，校长的行政权力则反映为以校长为"首脑"的行政管理系统和行政管理组织，按照副校长分工和行政机构逐级授权的方式行使公立高职院校内部的行政权力。

由于高职院校的政治权力对于行政权力和学术权力领导关系的存在，在面对党委的政治权力时，行政权力更多表现为一种执行逻辑的管理权，管理性是高职院校内部行政权力的一个重要属性，一方面，作为行政权力主体的校长负责拟定学校发展规划、财务预算、重要人事任免等重大事项，并提交给学校党委研究决定；另一方面，校长还要责成学校内部的行政管理部门具体执行学校党委做出的各种重要决议，并且监督决议的执行情况。当面对要求学术自由的"学术权力"时，行政权力则更多地体现为一种服务的逻辑和功能，服务性是高职院校内部行政权力的又一重要属性。在高职院校的管理实践中，这种服务性一般要求行政权力为学校内部各个教学、科研机构的建设发展创造良好的软件和硬件条件，为学者从事学术活动和科学研究营造良好的氛围和环境，为学生的成长和成才提供有力的支撑和保障。

三、自主性的学术权力

学术活动以追求"真理"为根本目标，而追求真理的学术所凭借的则是人类作为智慧生命个体的理性思维和个性思考，这也就决定了学术本身必然是一种基于个人理性的自发自觉活动。只有学术的参与者和从事者充分、主动、自觉地去钻研学术，才能真正地进入所谓"学术的状态"，进而获得认识上和知识上的进步。因此，自主性是学术的本质属性和根本特征，学术权力的特征可总结为：依附于学者个人生命的"属人性"，依托学者学术软性权力的"非强制性"以及随着学者个人学术状态改变而改变的"动态性"三点。在现实中，学术自由并非意味着完全无束缚的自我行动权力，完全和绝对意义上的自由权必然意味着相互之间的无自由乌托邦秩序，绝对的学术自由和学术自主在现实中根本无法找到。为了达成学术自由同学术管理和学约束之间的微妙平衡，学者依托学术性组织对学术事务进行集体选择和自主性管理就成为现实中的唯一可行途径。因此，学术权力不仅表现为学者的个人影响能力，更多的时候也同样表现为学者群体或学术性组织通过集体选择而产生的一种带有强制性色彩的能力，即学术权力的自主性不仅要以学者们自主行使个人学术"权利"为基础，更要以学术组织自主进行学术事务管理的制度设计和制度安排作为基本保障，自主性仍然是学术权力的根本属性。

国家法律法规主要是通过对高职院校内部的学术组织做出相应的立法规定来保障大学内部的学术权力。如《高等教育法》第四十二条规定："高等学校设立学术委员会，审议学科、专业的设置，教学、科学研究计划方案，评定教学、科学研究成果等有关学术事项。"中共中央《关于坚持和完善普通高等学校党委领导下的校长负责制的实施意见》明确要求，高职院校要"加强学术组织建设，健全以学术委员会为核心的学术管理体系与组织架构，合理确定学术组织人员构成，制定学术组织章程，保障学术组织依照章程行使职权，充分发挥其在学科建设、学术评价、学术发展和学风建设等方面的重要作用，积极探索教授治学的有效途径"。

高职教育是中国高等教育的重要组成部分，高职院校学术权力的行使主体主要是各种依据国家法律法规或高职院校自身制度性规定所成立的学术性组织。学术权力的主要内容表现为学术组织对于学术政策的制定权、学术水平的评议权、学术资源的分配权和学术活动的管理权等。学术组织的上述权力，一方面，要以国家法规或高职院校自身制定的科学合理的制度来保障；另一方面，要依靠"学术权威"的个人影响来得以充分实现。国内有些理论研究将大学内部承担教学、科研和学科建设等主要学术性功能的学院、系、教研室和科研机构都视为大学的基层学术组织。很明显，这种认识同国家的立法初衷和本书所探讨的"单纯性"的学术权力组织存在本质差别。本书所说的"学术组织"只是指向公办高职院校内部由专家学者组成的各级学术委员会、教学委员会、专门咨询委员会等承担学术评价和决策的学术自主管理机构，而学院、系、教研室和科研机构还是划归学校行政管理的基层组织和基本功能单位的范畴。

政治权力、行政权力、学术权力是当下中国公办高职院校内部权力的基本类型，高职院校的党委和党组织、校长和以校长为"首脑"的行政管理系统以及学校内部的学术组织是与上述三种权力相对应的主要权力主体。三者之间的层级体系和互动关系共同构成了高职院校内部的基本权力结构，并在这种权力结构的基础上构成高职院校内部的基本制度框架。政治权力领导行政权力和学术权力，行政权力执行政治权力的决策并服务于学术权力，学术权力在政治权力的约束下和行政权力的服务下进行自主管理，则是公立高职院校内部符合现代治理理念的理想制度结构。

第三节 完善以章程为核心的治理制度体系，实现"依法治校"

"依法治校"不仅是高职院校办学的必然要求，也是高等职业教育未来的发展方向。健全的治理制度体系是高职院校实施制度化、法治化和规范化办学的核心，也是提升高职院校治理能力的基础。以科学的理论为指导，构建更加开放、充满活力、富有效率的治理制度，无疑是高职院校内部治理结构改革的现实选择。

一、建设特色化的高职院校章程，推进章程的实施

无论哪一种治理结构，都需要法律法规予以界定、保障和规范。我国高职院校章程作为高职院校内部的"基本法"，是国家、地方政府法律法规在高职院校内部的承接与延续，启发和引导高职院校规章制度的制定和实施，是明确高职院校内外部各种权利义务关系、完善高职院校内部治理结构的核心载体，是具备法律效力的治校总纲领。

高职院校章程在高职院校治理中的重要性不言而喻,若无大学章程,有可能是领导拍板说了算;但有了章程,高职院校不同的利益诉求方都必须在章程条款中寻找地位,了解权力,各方相互制衡、相互制约。章程是高职院校治理的"基本法",为高职院校其他各项规章制度的制定提供了基本依据,为高职院校的治理行为提供了法治基础。可以说,加强章程建设,可以使高职院校达到"善治"的目标,有效推动现代大学制度的完善。高职院校的章程不仅要突显高等教育的规律和高职院校的一般要求,还要结合学校所属职业领域的特点,充分体现高职院校的职业性与应用性。同时,由于各高职院校的办学定位、区域特点和办学条件都有区别,因此在章程制定过程中,必须依据地方政府的经济社会发展现状、产业优势、高职院校的专业特色等实际情况制定特色化的学校章程,更好地为高职院校的发展奠定基础。

为破解章程建设过程中重制定、轻执行的问题,高职院校需要深化对章程建设的理解,这是一个动态的、不断完善的过程,并非单纯指章程文本的制定。另外,高职院校还要深入贯彻落实学校的章程,针对章程实施过程中出现的问题,定期对学校章程进行修订并提交所属省份教育部门核准,以此来不断完善章程建设,为高职院校治理能力的提升打好基础。

(一) 高职院校治理与高职院校章程的关系

高职院校章程与高职院校治理是相互依存、相互促进、相辅相成的关系。其治理需要高职院校章程的制度保障,章程的修订与完善促进高职院校治理过程的优化。高职院校与社会、高职院校与政府的关系,高职院校内部行政权力、政治权力、民主权力、学术权力的配置等高职院校治理的重要内容都在高职院校章程的文本规范中有明确的规定。而且高职院校章程的建设工作需要高职院校治理的参与和监督,因此要保障高职院校治理体系和治理能力的现代化就需要高职院校章程的合理规范制定与落地实施。高职院校治理的内涵与本质在于依章程治理高职院校,高职院校治理和高职院校章程的关系具体表现为如下几方面：

1. 高职院校治理的范围权限构成了高职院校章程的主要内容

高职院校治理一般分为高职院校内部治理和外部治理，内部治理的主体包括学校的管理制度、教职工、学生等，外部治理主要是处理与社会和政府的关系。治理高职院校的过程就是强调内、外部的各个主体对高职院校事务的参与过程，允许其诉求的表达，权衡多方利益，实现良性发展。从治理结构角度来看，高职院校治理的过程既要处理好高职院校与政府、高职院校与社会的权责关系，又要协调好高职院校内部各利益主体之间的权力分配与平衡，而作为高职院校内部"基本法"性质的高职院校章程，就是对这两方面主要内容的回答。

2. 高职院校章程的出现和完善是高职院校治理过程的必然产物

最早的大学章程源于欧洲中世纪大学的特许状，而这些特许状出台的目的是保障大学的办学自主权，规范大学的学术权力不受外界的制约与限制，确立大学的独立法人资格等。随着高等教育的发展，为了保证大学治理过程的有序开展，需要一个具有可操作性的规范文本保障大学自主权的真正落实、保障大学内外部各利益相关者权力的切实体现，高职院校章程逐渐受到世界各国的重视。当前，在全社会都强调治理现代化的时代背景下，高职院校治理迫切呼唤高职院校章程的规范与引导，在一定程度上，高职院校章程的起草制定对协调高职院校与政府的权责关系，规定和厘清高职院校与社会的权力界限，对高职院校内部行政权力、学术权力、政治权力、民主权力四个利益主体关系的有效协调都起着至关重要的作用。

3. 高职院校章程促进高职院校治理的发展

结合高职院校的外部治理角度，高职院校章程的制定为吸纳社会力量参与大学建设提供了制度保障；从高职院校的内部治理结构来看，高职院校章程在高职院校内部的所有规章制度中处于"母法"的地位，高职院校治理的重大问题要在高职院校章程中有详细的规定，不能逾越高职院校章程的规定办事，真正实现依章治校。与此同时，高职院校章程作为大学内部的"基本法",要明确规定高职院校内部各利益相关者的权力范围和边界,清晰界定各个权力主体的权责利,保障内部各利益主体的切身利益和合法权益。当前在强调"去行政化"的大背景下,高职院校的治理要明确各利益群体什么可以做、什么不能做以及应该怎么做,保障学术权力和民主权力群体的合法权益,加强对行政人员职责的规范,推动高职院校民主管理的进步和发展。

(二)完善高职院校章程的建议

近年来,在国家的高度重视下,高职院校章程在制定方面向前迈了一大步,实现了突破性的进展,但高职院校章程建设工作还远远没有结束,制定只是第一步,更关键的一步是高职院校章程的落地实施。任何事物的成长和发展都不可能一蹴而就,高职院校作为一个建立历史不长的复杂组织,目前还处在一个不断变化的社会环境之中,高职院校章程作为规范高职院校内外部关系的宪章性文本,其在协调高职院校治理的内外部关系方面还存在一些不足与偏差,需要根据社会的发展和时代的变化不断做出修订和完善,在高职院校治理过程和实践中,不断接受检验,更好地适应高职院校的创新发展。

1. 厘清高职院校与政府权责关系

高职院校章程制定的目的就是以法律手段规范大学的办学自主权,依法自主办学实质上就是要厘清高职院校和政府的关系,保障其能够依法自主管理。依法自主办学难以落实,究其原因是高职院校章程中有大部分学校没有对政府和学校的权利与义务进行明确的规定,尤其是对政府方面权利与义务的表述更是少之又少,很多高职院校对政府的投入与保障含糊不清,对于政府对学校进行管理或考核的方式和标准涉及得也很少,这在一定程度上说明高职院校章程中不愿触及政府的权力边界,是高职院校章程在治理价值导向下的一种偏差。为了落实和保障高职院校依照大学章程自主办学,在章程文本中要厘清高职院校和政府的权责关系,明确高职院校的法人地位,以高职院校章程条款的形式界定高职院校能够进行自我治理和自我决策的具体事项。

与此同时，也要以条款的形式规定出政府在高职院校治理中的具体管理范围。界定政府的职责权限并不能表示高职院校可以随心所欲，政府要引导和监督高职院校的宏观治理方向，给大学提供办学经费和政策支持。为了明确高职院校和政府的职责权限，可以采用契约管理模式。契约管理模式意味着高职院校不再是政府的下属机关，而是相对平等的伙伴关系。政府和高职院校通过平等的对话与交流，建立"契约性"的目标管理模式，通过协商机制确定双方的权利、义务以及职责范围，以此来补充高职院校章程或其他立法形式的不足，使高职院校与政府的关系和职责权限更具灵活性和弹性，从而推进治理进程。

此外，为了保障高职院校的办学自主权，除了高职院校章程的条款约束之外，也可以采用"负面清单"的治理模式——政府在对高职院校的宏观管理中，仅列出高职院校的禁止性权力，即高职院校不能做什么。负面清单之外的事项，高职院校则可以在依法的前提下独立行使权力。这在一定程度上需要政府从自身开始，转变职能，减少行政审批事项，主动放下权力和归还权力，促进高职教育治理体系和治理能力现代化。

2. 健全学术委员会与教学工作委员会机制，细化职能任务

相对本科院校而言，在高职院校章程文本中，学术委员会、教学工作委员会等机构职权的界定不是很清晰，边界较为模糊，教授治学与治教难以得到真正的保障。高职院校章程的制定和完善是现代大学发展的趋势，也是现代高职院校制度有效建立的支撑。高职院校的办学活力来源于广大教师，为了落实教授治学，激发高职院校的活力，高职院校需要建立完善有利于专家教授治学、治教与参与高职院校管理的具体制度。从高职院校学术委员会的职责权利方面来看，大多数还停留在审议、评定、咨询阶段，只有部分学校的章程规定了学校在学术事务"决策"方面的条款。从整体来看，有相当比例的学术委员会没有学术决策职能，另外，有学术决策职能的学术委员会与其他决策组织关系模糊，缺乏保障其行使决策职能的具体措施，导致在实践

中难以依照高职院校章程行事，不利于教授治学价值导向在高职院校治理中的贯彻。

若要实现"教授治学"的治理价值导向，就要准确地表述学术委员会、教学工作委员会的职能，并细化其职能任务，在高职院校章程中要明确"教授治学"的组织形式为学术委员会，决定教学工作重大事项的机构为教学工作委员会。规定学术委员会、教学工作委员会的职责权限与运行机制；为确定学术委员会、教学工作委员会的性质和权限，制定教授委员会章程及其实施细则、制定教学工作委员会条例；界定学术委员会的决策、咨询、审议、决策等职能；理顺学术委员会、教学工作委员会与其他组织之间的层级关系。

为了落实"教授治学"这一大学治理价值导向，除了运用大学章程等立法形式之外，也可以在治理结构中有所改善。由于教授治学强调的是教授在学术事务与教学事务等层面的决策职权，而党政联席会又在党务政务方面有决策、决定职权，导致在学院治理结构中职权相互分立、割裂，可以在学院层面实施"党政学联席会议制度"，即在"党政联席会"的基础上加入"学术"的力量，即学术委员会、教学工作委员会的成员或代表，共同组成学院决策机构。这样不仅有利于"教授治学"这一治理价值导向的实现，也有利于形成多元协商的治理模式以及增强治理的民主性与科学性。

学校章程要为高职院校扩大决策过程的民主参与提供制度保障。在党委会和校长办公会进行决策的过程中可以邀请教师代表、学生代表或校企合作单位代表列席相关会议，以实现学术权力、学生权力和社会权力共同参与学校的治理。例如，可以邀请党员教师代表列席党委会、教师代表列席校长办公会讨论与教学、科研、师资队伍建设有关的议题，邀请学生代表参与讨论有关学生的重要事项，邀请校企合作单位代表参与讨论有关校企合作政策的议题等。另外，还可以听取他们站在不同角度和立场所提出的意见，这样做出的决策在一定程度上能够更加兼顾各方利益，同时，亦可降低决策执行的难度和成本。

3. 切实理顺学生与高职院校的关系

学生群体几乎是学校群体中占比最大的群体，学生是高职院校的核心利益相关者，是高职院校开展教育教学、科学研究等事务中不可能绕开的对象。但对于高职院校的利益主体——学生的表述，表面上虽给予了很高的重视，但在实际的高职院校章程文本中关于权利和义务的规定较为单薄，关于如何有效保护学生权利与义务的条款则更少。高职院校章程中虽然有学生参与民主管理的条目，但可操作性不强，而且其中对学生能否参与学校的相关管理及参与程度缺乏相应的规定。高职学生在高职院校中不应该是单纯的被管理者，也应该是高职院校管理的参与者，学生对高职院校的教育教学活动应该有建议权与选择权，对学校的教育管理活动应该有参与权和监督权。高职院校章程规范着方方面面，无形之中涉及学生的利益，因此作为利益主体的学生应有权参与到高职院校章程的制定和修改过程中，然而从实际情况来看，章程的制定过程并没有学生的参与，而且现有章程还存在程序模糊的现象。此外，高职院校章程对于学生权益保护的正当程序缺乏规定与交代。这在一定程度上说明了部分高职院校章程中未能很好地尊重学生的主体性，这是高职院校章程在大学治理价值导向下的一个偏差。

学生是高职院校教育教学的主体，所以高职院校章程厘清学生与高职院校的关系就显得尤为迫切和重要，学生的权益理应得到有效的保障。具体来说，首先，高职院校章程要明确学生的主体性地位，在文本内容中要对学生的合法权利进行明确规定，对学生有哪些参与的权利、途径以及内容要做具体说明；第二，应在高职院校决策机构中适当注入学生这一力量，在高职院校章程中详细规定学生的数量以及表决和投票的形式；第三，对学生的奖罚与申诉制度进行规定，对相应的组织保障进行详细架构，建立完善的组织运作流程，畅通学生的权利救济渠道；第四，探索高效、科学的运行机制。另外，还要强调和呼吁尊重学生的主体性地位，不能仅局限于在高职院校章程中对学生主体性地位的表述与呈现，其中的权益部分也要对学生的权益有所体现，更重要的是要在高职院校章程的贯彻执行中以及高职院校的内外部关系处理中坚持"以学生为本"，秉持为学生服务的理念。

二、完善党委领导下的校长负责制，促使政治权力和行政权力有效运行

党委领导下的校长负责制是中国高等教育的基本制度。《高等教育法》第三十九条规定："国家举办的高等学校实行中国共产党高等学校基层委员会领导下的校长负责制。中国共产党高等学校基层委员会按照中国共产党章程和有关规定统一领导学校工作，支持校长独立负责地行使职权。"所以，坚持党委领导下的校长负责制是我国高职院校进行内部管理体制改革的前提。高职院校必须在这个前提下不断完善党委领导下的校长负责制，并充分发挥出这一领导制度的优势。

首先，正确理解党委领导下的校长负责制这一领导体制的内涵。在这一领导体制下，"党委领导是核心"，高职院校党委统一领导学校工作不仅是思想政治上的领导，而且是对学校改革、发展和稳定全局上的领导，其主要体现在对学校的宏观战略和改革发展建设中的重大问题和重大事项的决策以及对重大决议执行情况的监督方面。其本质要求是强调集体领导，以充分挖掘党委成员的智慧和发挥集体领导的优势。所以，党委领导重在决策。"校长负责是关键"，校长是高职院校的法定代表人和行政领导人，全面负责高职院校的教学、科学研究和其他行政管理工作，并且一般扮演"决策"和"执行"两个角色，既是学校党委决策的主要或重要决策者，也是党委决策的具体执行者，负责组织执行和实施党委的决议，以保证学校教学、科研、管理和服务等各项任务的完成。所以，校长负责重在组织执行。同时，我们也应认识到，党委领导不同于党委管理：党委领导是通过党委会决议的方式把意志传递给行政人员，由校长负责组织实施，而不是党委直接管理、干预或接手具体的教学、科研和行政事务；否则，就变成了以党代政。

其次，明确权力边界、建立科学规范的决策机制是保障。《高等教育法》对高校党委和校长的职权做出了规定，但这一规定是针对全国所有高校做出的共性规定，比较宏观笼统。由于不同地区、不同行

业、不同高职院校都具有自身的"个性",因此容易出现执行上的偏差。高职院校要根据《高等教育法》《中国共产党普通高等学校基层党组织工作条例》以及所在省市、所属行业的相关规定,再结合自身情况制定针对性强的党委会会议制度和议事规则、校长办公会会议制度和议事规则以及其他配套的相关制度。与此同时,还要明确具体的议事范围,规范议题征询和确定程序、议事决策程序和决议落实要求,清晰权力边界,从而建立起科学规范的决策机制,不断提高政治权力和行政权力的运行效率。

最后,建立党政沟通与磋商机制。有效沟通是管理的一项基本职能。对于一个群体来说,有效沟通十分重要,引发人际矛盾最常见的原因是沟通不善。所以,高职院校要坚持和完善党委领导下的校长负责制这一领导体制,其中,建立党政沟通与磋商制度尤为重要。高职院校应把党政联席会、党政沟通会等作为制度确定下来,党政班子成员定期就一些工作进行沟通,以增进理解。对于重大问题的决策,在提交党委会或校长办公会之前,可以先在党政联席会上进行充分的讨论和磋商,然后再根据议事范围提交相应的会议进行决策。这样可以使党政班子成员以及相关专业人士充分发表个人的意见,提高决策的效率和执行决策的力度。

三、健全考评细则与激励机制,激发高职院校内部发展活力

高职院校治理的规范化和科学化需要制度的约束和引导,加强制度建设,是依法治校的保证。高职院校在管理实践和建设发展实践中,所遇到的问题千变万化,因此,应该根据高职院校教师的职业特点和高职教育教学实际,灵活地综合运用各种激励理论,建立起具有高职院校特色的激励制度。这样才可以真正发挥评价在高职院校治理中的作用。

(一)健全考评细则和责任追究制度

高职院校应通过相关法律法规的建立健全,明确界定学校、校内

第四章 高职院校内部治理制度的设计与完善

职能部门、各院系的职责,创建更加科学完善的考评体系与责任追究制度,围绕学校的办学方向、办学质量等进行全面监督。高职院校制度创新能力体现的是其决策管理能力,展示学校管理团队对高职院校发展的宏观思考、系统决策及相应的战略管理的自觉意识和能力水平。制度建设要体现在分解管理权限上,从教育教学、科研工作、学科建设、学生工作、队伍建设、日常管理等方面,规范系统内部制度,体现行政权力的存在,保证院系各项具体工作有章可循,有章必循。高职院校应结合自身发展实际情况,定期对外部环境和条件、内部人力、物力、财力等诸要素进行系统调研,掌握第一手材料,围绕建设目标任务,不断推进管理制度创新,从而在保持竞争优势、平衡利益关系的同时,不断激发发展活力,挖掘办学潜力,提高竞争力。

(二) 综合运用多种激励方式

高职院校人力资源的构成比较复杂,不同学历、学缘、年龄、职称、专业的教职工对激励内容的需求是不一样的。因此,要根据被激励对象的多样性来采用灵活多样的激励方式,主要可以采用如下激励方式:首先,是物质激励,物质激励主要体现为工资、奖金、教学业绩津贴、科研业绩津贴和各种福利等。高职院校应该根据当前绩效工资改革的方向,结合学校自身的特点来建立"效率与公平兼顾"的契合高职特点与校情特点的薪酬制度体系,以发挥出物质激励的基础性作用。其次,是目标激励,"明确的目标能够提高绩效"。目标激励可以从两方面入手:一是设置客观合理的目标。既具有挑战性,能激发人的斗志和拼搏精神;又具有可行性,在现有的基础和水平上让人感到通过努力可以"跳一跳,够得着"。二是实现个人目标与学校整体目标的和谐协调统一,在每个教师达到个人目标的同时使高职院校的整体目标得以实现。再次,是成长激励,应针对不同群体的教职工,帮助他们进行职业生涯规划,使他们清楚个人发展的目标愿景,并给他们提供参加培训和进修、做访问学者和访问工程师、参加学术活动的各种机会,以此来帮助他们实现不同阶段的目标。对年轻的、新进的教职工应制定相关政策，配备成长导师，导引和激励他们在学术、技术、专业、能力上实现健康成长。最后，是情感激励，针对不同的群体，关注他们的情感需求，如对于年轻教师，要多关心他们的生活，为他们成家立业、安居乐业创造条件；对于中年教师，要多关心他们的晋升和自我价值实现的需求；对于老年教师，要多给予尊重和健康的关注；对于教职工中的困难群体，要多给予生活上的关心和帮助。同时，努力创造良好的工作环境和人文环境，使教职工在和谐的人际环境中愉悦工作。

（三）构建科学有效的评价体系

评价是激励的基础，没有科学的评价激励便不可能做到公平合理，激励的目标也不可能达到。由此，高职院校要建立一套适应不同类型部门、不同岗位类别和不同专业类别的评价体系，并将此作为建立健全激励机制的重要内容。

1. 评价指标

在不同指标的设定环节中，应该从不同的角度实施考核，具体而言就是要做好下面几部分工作：

首先，内部做好严格全面的把控工作，将工作目标划分成态度与结果两个层次进行考虑。其次，创建更加专业化的评价队伍。要创建起综合的专业化的评估队伍，对于不同部门机构的指标完成状态实施专业科学的评估和审核。最后，应该及时合理地引进群众监督机制，对不同机构工作目标的完成情况进行监督并及时对外公开。经过这三个环节，高职院校就能在最大限度上保证和体现考核的公平性。

考核评价指标的制定要注重共性与个性相结合。例如，对二级学院来说，共性是指教学、科研、社会服务等方面具有共同内容的指标；个性是指各院系具有自身特点的特色或创新指标。对教职工个人来说，共性是指在师德修养、教学水平、科研水平、社会活动等方面针对所有人员的共性指标；个性是针对不同岗位、不同专业、不同层次教职工的个性指标。

2. 评价方式

评价方式要注重定量与定性相结合。在对二级学院和教职工个人的考核中，对于教学工作量、科研工作量和社会服务项目等能够量化的指标，可以采取定量考核；对于师德水平、工作作风、工作成效、教学水平、教学效果、时间投入等不能量化的指标，则只能使用定性评价的方式。对于高职院校职能部门的考核则一般应针对常规工作、重点工作、工作作风、服务质量等进行定性考核。应该发挥定量考核与定性考核各自的优势，将两者有机结合起来，增强评价的客观性与合理性。

3. 评价方法

要注重从多个维度由不同的主体来考核同一对象，再根据不同的权重进行计算。例如，对职能部门的考核可以由学生代表、二级学院教师、教代会代表、机关管理人员代表、中层干部、学校领导分别评价；对二级学院的考核，可以由本院系教师、学生、机关管理人员代表、中层干部、学校领导分别评价；对教职工个人的考核，可以由同事、学生、上级、下属等分别评价。注意应尽量减少个人偏见和评价误差。

（四）建立健全激励机制应注意的几个问题

第一，坚持以人为本的理念。把传统人事管理观念转变为人力资源管理与开发的理念，确立人才在学校生存和发展中的主导地位，以教师本位为出发点，围绕教师的需求构建起以人为本的激励机制，切实做到尊重人才、服务人才、激励人才、开发人才、用好人才。第二，正确处理好效率与公平的关系。高职院校激励机制中存在着效率与公平的博弈。必须把薪酬与评价挂钩，并且建立相对公平的评价指标、公开透明的评价环境和科学有效的评价方法，切实根除部分高职院校存在"干与不干一个样、干多干少一个样、干好干坏一个样"的现象。

四、构建监督保障机制,提高治理效能

(一) 完善内部民主监督制度

高职院校治理能力的提升离不开有效的监督保障机制,因此在其内部可通过以下几个方面加强民主监督:第一,制定高职院校内部各项监督机制,如学校的纪律检查委员会、教代会、学代会等。明确各监督组织的职责,相互配合,共同提高监督组织的效果。第二,拓展广大师生的监督渠道,如学校及二级学院的工会、学生申诉委员会等,使广大师生有平台去提出自己对于学校治理的意见与建议。第三,高职院校要贯彻落实校务公开、信息公开等制度。通过多种渠道及时向广大师生公开学校的章程、内部管理规章制度、学校新闻、评奖评优、教师职称评聘等一系列需要公开的信息,如高职院校官网、信息公告栏等。要保障广大师生对高职院校重要事务的知情权,激发他们主动参与监督高职院校治理的积极性。

(二) 完善外部监督保障制度

在外部监督保障机制方面,要发挥政府、行业、企业以及其他社会组织对高职院校的治理进行监督与评价的作用。第一,要发挥政府的教育督导作用。比如,在推进高职院校章程建设的工作方面,地方政府的教育主管部门可以定期检查高职院校章程的制定及执行情况,并对其做出评价,以此来推动高职院校的治理进度。第二,高职院校要贯彻实施信息公开制度,及时向社会公开办学信息、年度人才培养质量报告等,接受来自广大师生、家长、校友等社会各界的监督。第三,发挥社会第三方评价机制的作用。在高职院校自我评价的基础上,结合第三方社会组织的评价,对人才培养质量、技术服务效益、管理服务质量、教学质量等方面进行客观和真实的评价。另外,高职院校还应该根据评价结果明确自身的优势与缺陷,有针对性地采取具体的纠正和调整

措施，形成评价与实施的良性循环，从而提升自身的治理能力。

(三) 建立权力运行监督制约机制

没有监督和约束的权力必然会失控。如果仅仅将约束建立在对管理人员的教育引导和道德情操的期望上，是不符合管理原则的。随着高职院校校院（系）两级权责的划分和管理重心的下移，二级院系拥有的权力增大，必须要加强对二级学院权力的监督和制约。其方法如下：一是在学校层面建立健全各种监督机制。高职院校在进行校院（系）两级管理体制改革设计时就应统筹设计与校院（系）两级管理相配套的一系列制度，如制定目标管理考核制度，与二级学院订立工作目标契约合同，实行目标管理和考核制度，健全财务预决算制度，强化预算执行刚性，建立内部审计制度，进行经费使用情况和干部任期经济责任审计，实行责任追究制度，坚持权力和责任相统一，实现权责明确和失责追究。二是强化高职院校监督反馈系统的职能。赋予高职院校监督反馈机构明确的职责，授予其相应的权力，改变监督反馈系统监督乏力的局面。高职院校监督反馈机构必须切实担负起监督反馈的职责，通过各种监督机制对二级学院权力运行的情况、执行高职院校决策的情况进行监督并及时向高职院校决策层反馈。三是建立二级学院自我约束机制。加强内部权力的制约，在二级学院内部领导体制上实行党政共同负责制，通过党政联席会对二级学院重大事项进行决策。此外，还要充分发挥学术委员会和二级教代会的监督作用，院（系）领导要定期向学术委员会报告教学科研和专业建设情况，向教代会报告工作并接受监督和评议。建立院系事务公开制度，定期公开全院（系）经费的使用情况、教职工收入分配情况、重大事项的决策和实施情况。加强对干部的教育、考核和监督，将管理层的自律与他律结合起来，提升二级学院领导的治理能力和工作水平。

(四) 完善质量监督制度

高职院校贯彻实施"目标、评估、奖惩一体化"的质量监督制度，加强党委对校长工作的监督，校长对学校二级单位工作的监督，应建立科学的运行制度，这样的制度是质量目标、质量评估和质量奖惩的统一体。质量目标要明确各二级单位工作的要素及其质量标准，告诉教职工做什么，做到什么程度；质量评估对各二级单位落实质量目标的情况进行评价、审计，发现成绩和问题；质量奖惩应以质量评估为基础，论功行赏、奖优罚差，强化广大教职工的责任和质量意识。

同时，高职院校党委、校长应围绕评估指标、评估主体、评估过程设计科学的质量评估方案，保证质量评估工作本身的质量。评估指标一般为评审确定的质量目标，因为评估的目的就是督促并保障质量目标的实现。高职院校党委对校长工作的评估应发挥理事会和教职工代表大会的作用，校长向理事会报告工作、接受理事会责询应当写入高职院校章程和理事会章程，校长向教职工代表大会报告工作、接受教职工代表的工作评议是《高等教育法》的规定；校长对系、处工作的评估应发挥教育督导室、监察处等监督机构的作用，教育督导室负责对系的工作评估，监察处负责对行政部门的工作评估。就评估过程而言，要重视过程跟踪，以便及时发现、改进工作中的问题，把可能发生的问题解决在萌芽状态；"评估最重要的目的不在于证明，而在于改进。"持续改进才是质量管理的基本信条。评估者要及时反馈评估的结果，特别是问题，与被评估者一起分析问题的成因，找到解决问题的方法，院属各单位要高度重视质量评估的反馈意见，根据反馈意见制定行之有效的改进措施与制度，并严肃、认真地改正错误。

第五章　高职院校内部治理结构的优化

高职院校内部组织结构是学院运转、部门设置及职能规划等最基本的结构依据，只有内部组织结构合理，各职能部门才能目标一致地相互合作、相互制约。科学认知内部治理逻辑、准确把握和优化内部治理结构是有效进行高职院校内部治理改革的关键环节。高职院校内部治理变革的"着力点就是要落实高职院校产权主体、明确不同层级的利益相关主体。作为高职院校主管部门的各级政府职能部门应由管理者向服务者转型，通过转变职能，改变管理方式，下放管理权，发挥宏观调控、政策安排及监督的服务作用。鼓励高职院校治理改革向所有权和经营权分离的方向发展，扩大高职院校办学自主权，推动管办评分离目标的实现"。因此，高职院校在推进内部治理变革的进程中，要不断优化内部治理结构，健全完善实现科学治理、协调治理、共同治理、有效治理所需要的内部各组织机构。各组织机构之间既要科学配置又要通力合作，以全面激活高职院校的内生发展动力。

第一节　高职院校内部治理结构的特征与优化原则

在我国现代职业教育体系建设进程中，高职教育作为一种兼具"高等性"与"职业性"的"跨界教育"，其鲜明的办学定位与独特的社会功能共同决定了高职院校在推进内部治理变革过程中要始终强化利益整合、推崇协同创新、注重共同治理。优化内部组织结构，须严格依照高职院校内部治理的原则，调整传统院校内部治理结构及其职能，在横向部门之间要厘清关系、整合机构和精简人员，实现各平行组织间的有序分工、密切协作；在纵向组织之间要明确领导与被领导之间的关系，压缩纵向层级数，做到使信息在纵向传递上速度最快、最准确。

一、高职院校内部治理结构的基本特征

（一）权力主体多元化

治理是为了实现与增加公共利益，各利益主体彼此合作，在相互依存的环境中分享公共权力，共同参与公共事务管理。一些高职院校高度集权的弊端在于办学权、经营权和管理权的不明晰，阻碍了校长、广大教师等积极性、主动性和创造性的充分发挥。在教育发展的新形势下，高职院校必须对过分集中的教育权力进行重新分配，让重要利益相关者实质性地参与高职院校的治理，这在教育界已达到相当程度的共识。例如，从企业利益方面来看，要求个别企业长期增加投入并做好相关工作是不现实的，需要政府的大力支持与配合。行业协会既是行业企业利益的代表者，又对众多企业有着特殊的影响力；同时行业协会又与政府职能部门保持密切的联系，因此，加强行业协会的参与，不仅很有必要，而且要做得更好。《国家职业教育改革实施方案》明确规定："各级政府部门要深化'放管服'改革，加快推进职能转变，由注重'办'职业教育向'管理与服务'过渡。"政府主要负责规划战略、制定政策、依法依规监管。发挥企业重要办学主体作用，鼓励有条件的企业（特别是大企业）举办高质量职业教育。各级人民政府可按规定给予适当支持。这为职业教育办学主体多元化的实现提供了重要的政策依据。

教育体制是由经济体制决定的，我国实行的是社会主义市场经济体制，一切经济活动由市场来调控，高职院校应建构多元化、社会化的办学机制。利益主体的多元是由所有制的多元引发的，所以，高职院校在发展过程中不能局限于单一的办学模式。各级政府要根据我国国情，根据高职院校发展的需要，引导社会各界和公民个人积极投资办学。根据责、权、利、能的相互匹配，调动社会各界办学的积极性。随着全球经济一体化的发展和社会竞争的日益加剧，高职院校在发展过程中也可以加强国际交流与合作，拓宽视野，以获得更多的办学思路与办学资源。

（二）决策过程公开化

决策公开不仅是以人为本的必然要求，也是执行的基础，如果决策失误，执行得越快越彻底，对各利益主体的损害程度就越高。及时将决策的过程和程序公开并广泛征求相关专家和各利益主体的意见建议是科学决策和民主决策的有效保障。高职院校在决策前应广泛征求各利益主体的意见，并以适当方式反馈其意见采纳情况，这是民主决策和科学决策的应有之意，特别是涉及群体切身利益的项目，更应听取各利益主体的意见和建议，让其利益诉求能够得到表达，这也能为决策的进一步实施铺平道路。一个好的决策必定是社会大众广泛参与的决策。高职院校的决策部门在做出重大决策之前，应该广泛听取各利益主体的意见和建议，可以召集各利益主体的代表进行商议。建立以董事会为中心的高职院校治理结构，吸引行业、企业、广大师生、校友等共同参与高职院校治理，使决策在诸多利益主体之间形成一种平衡。另外，高职院校还可以召开党政联席会、校务委员会、专家委员会、教职工代表大会、学生代表大会等会议，让各利益主体有知情权、建议权、参与权，这样也就更能体现高职院校治理的民主性与科学性，为决策的最后执行打好坚实的群众基础。

（三）参与方式多样化

高职院校治理中存在各种各样的参与渠道，各利益相关者可以通过这些渠道去参与或影响高职院校的相关制度和事务，特别是要体现行业、企业的深入参与，这样高职业院校的发展才会更有后劲、更有前景。目前我国高职教育治理实践中群众参与的方式十分有限，主要以座谈会、来信来访、领导接待日等方式为主，对于大多数利益相关者来说，能够直接参与的机会较少。为了促进各方更多、更好地参与高职院校事务的管理、决策和监督，有必要广泛集中民智，有力拓展群众参与高职教育管理的新途径，进一步拓宽多样化的、更富时代特色的利益主体参与途径。还可依靠现代信息技术，如举办"校企合作论坛""网络听证会"等，将高等职业教育领域中的集体决策参与范围扩充到一切具有网络终端的群众，扩大智囊团的范围，充分调动"外脑"的优势，增强高等职业教育决策的民主性和科学性。行业、企业可以通过董事会参与，教师可以通过教职工代表大会、校务委员会参与，学生可以通过学生代表大会参与，家长可以通过家长委员会参与，其他利益群体可以通过"网络听证会"等参与，让每个利益主体都有参与的机会，以体现高职院校治理的民主性和公平性。

（四）合作共建制度化

高职院校办学理念和目标的实现不仅依赖于内部主体的协力合作，也依赖于同社会各界建立一个良好的合作伙伴关系，利益相关者理论主张高职院校的利益相关者既有来自校内的，也有来自校外的，而不是封闭在内部的，这同社会主义市场经济体制下高职院校转换后的角色是相同的。政府和高职院校可通过制定政策和法律法规来规范和完善各利益相关者参与高职院校治理的职能，明确各方职责。高职院校各利益主体应按照一定的秩序和内部联系组合成为一个有机整体，共同建设高职院校。目前最重要的是要明确企业、行业参与高职院校治理的机制，国家要制定完善高职教育的相关法律法规，进一步赋予行业、企业参与高职院校治理的权利和义务。高等职业教育的创新发展需要政府、行业、企业三驾马车同时"给力"。

二、高职院校内部治理结构优化的主要原则

（一）利益整合原则

众所周知，"大学不是一个整齐划一的机构，而是一个由拥有一定自治权的各种团体组成的社会"。在这个特定的"社会"中，"各种团体"主要是指大学中的利益相关者。在高职院校中，具体利益相关者主要指政府主管部门、校领导、教师、学生、家长、校友及相关行业、企业和社会组织等。以市场经济为主导的改革开放使当代中国正发生利益分化，这必然引起社会利益结构的重构与人们思想观念的剧变。因此，如何通过建立科学、合理、有效的利益协调与利益整合机制，积极化解利益矛盾与利益冲突，已成为当代中国社会面临的一个十分重要的理论与现实之间差异的问题。正是在这样的时代背景下，高职院校在推进内部治理变革的进程中，要采取切实有效的方式与措施积极化解各利益相关者之间的矛盾与冲突，在不断建立健全"政府主导、行业指导、学校主体、企业参与"的高职教育运行机制的基础上，既要积极促进政府、行业、企业、校友等外部相关者的利益协调与整合，又要着力推动高职院校、广大师生、家长等内部利益相关者的利益协调与整合，从而不断满足与实现各利益相关者的利益表达与利益诉求，不断增强各利益相关者在推进高职院校内部治理变革中的积极性、主动性与创造性，为高职院校创新发展整合资源、提供动力、优化环境。

（二）有效制衡原则

形成各利益相关者共同参与决策和相互制衡的机制是高职院校各利益相关者共同参与治理的根本保证。高职院校各利益主体之间既要相互配合，也应重视相互之间的制衡与监督。高职院校各部门之间的制衡与监督，不仅包括不同层级之间的制衡与监督，也包括各利益主

体之间的制衡与监督,其应该形成的是一种网状监督模式。教职工代表大会、工会、学生代表大会以及家长委员会等要发挥民主监督作用,校务委员会、专家/学术委员会也可形成一种权力制衡作用,以维护各相关利益主体的利益。只有发挥好各利益主体之间的相互制衡和监督功能,才能确保高职院校的社会主义办学方向,才能使高职院校符合社会发展对其提出的更高要求。

(三) 协同创新原则

所谓"协同治理",是指"在公共生活过程中,政府、非政府组织、企业、公民个人共同参与到公共管理的实践中,发挥各自的独特作用,组成和谐有序高效的公共治理网络"。"协同治理"伴随着经济全球化趋势的不断加强,正日益成为一种新的治理范式。"作为全球语境下的一种治理新理念,它的理论基础是复杂性管理范式,前提假设是'多中心'理论,以信任为基础,坚持上下互动的权力向度与资源整合的权威来源,其根本目的在于促进人类福利的改善。""协同"的基本手段是协调一致,通过民主协商实现各利益相关者利益表达与利益诉求的"最大公约数",从而实现高职院校发展资源的不断整合,使各利益相关者之间的合作不断深化,实现共赢。作为一种全新的管理范式与治理思维,协同治理必须以推动高职院校内涵发展、创新发展、和谐发展为战略目标,以更好地服务学生、服务区域经济、服务社会为根本任务,并且始终坚持以教师和学生为主体、以创新驱动为核心,协调好各利益相关者之间的关系,通过推进内部治理变革聚集发展目标与重点、统一思想与行动来实现协同创新与共赢。

(四) 相互促进、整体推进原则

各利益相关者共同参与高职院校治理作为高职院校管理体制创新的一个目标,不可能一蹴而就,需要一个逐步完善的过程。治理变革不仅要进行制度创新,为利益相关者共同参与高职院校治理创造良好的外部环境,还要培育利益相关者共同参与高职院校治理的意识,提高其素质，强化其责任，调动其参与的主动性和积极性。各利益主体之间应该形成一种合力，因为大家的共同目标就是发展高等职业教育，促进经济社会发展，使共同利益最大化。在合作过程中，特别要强调协作精神，做好高职教育与行业对接、高职院校与企业合作的计划，构建起高等职业教育跟企业、行业对接对话的完整体系。相互促进、整体推进应成为各利益主体的共识。

（五）共同治理原则

行政管理上的"共治"就是指如何整合政府的功能，以便有效地处理一些公众最关心的问题，而不是在部门和机构之间疲于奔命。行政管理学意义上的"共治"就是"以风险社会理论为治理基础，以公民需求为治理导向，以信息技术为治理手段，以协调、整合和责任为治理机制，对碎片化的治理层级、功能和公私部门关系及责任机制与信息系统进行整合，'从分散走向集中，从部分走向整体，从破碎走向整合'，为公民提供无缝隙而非分离的整体型服务"。由于我国高职院校内部治理与政府管理具有某种相似性，因此，高职院校同样要注重共同治理，保障高职院校的每个利益相关者能够拥有参与高职院校内部治理的权力。高职院校党委与行政要领导和团结学术委员会、教学委员会、工会、党代会代表、教代会代表、科研机构、学生会、社团联合会、校友会等各利益相关者共同参与学校内部治理。实践证明，只有这样，才能使高职院校在领导、管理、决策、执行、实施等各个层面都能够科学运用系统的理念与整体性的思维，积极推动内部各个组成部分、要素、环节之间的密切配合与协调一致，进而实现高职院校又好又快发展的最终目标。

第二节 精简组织机构，提升治理效率

一、组织机构改革应坚持的原则

首先，要坚持"去行政化"原则。高职院校机构设置上的"去行政化"要求高职院校机构的设置不能完全讲究与政府机关"上下对口"，而应回归"学术本位"，以教学为中心按照为教学服务的要求设置管理机构。其次，要遵循高职教育规律原则。校企合作是高职院校办学的必由之路，但校企深度合作也是高职院校办学的难点问题。高职院校又尤其强调社会服务能力建设，如解决国家规定的每年社会培训的人次应达到在校生人数的 2 倍这一问题，需要设立相应的产教融合和培训管理与协调机构以理顺校内管理体制。再次，要坚持权责一致原则。权责一致是管理的重要原则，高职院校的权责一致，在纵向上体现为校院（系）两级的责、权、利统一，在横向上体现为部门之间的责、权、利统一。"责任要明确、权力要恰当、利益要合理，这就是责、权、利统一原则。"最后，要坚持精简高效原则。机构设置应坚持"不可缺少性、不可替代性"的原则，要根据现有管理机构中的业务性质和职权属性进行整合与归类，对业务性质相同或相近的可实行合署办公，如党委办公室和行政办公室、组织人事处和外事办公室、学生工作处和团委、科技处和校企合作办、高职研究所和质量管理办公室等部门可实行"两块牌子、一套班子"。但这种整合归类不是简单地对现有的部门进行合并，而是在权力转移的同时实现更合理、更科学的权力配置与制衡。

二、精简组织机构的思路

调整组织机构设置、精简机构、提高工作效率是当前高职院校机

构改革的方向。其目标是要解决部门过多所造成的部门之间职责交叉、权限重叠、冲突等问题，以及多头行政、管理对象相同等问题，使管理效能得到释放。

首先，要调整组织机构设置，实现合理分工。没有合理的分工就没有合理的配合，这句话很准确地表述了组织机构设置的重要性。要确保部门间合理配合，提高高职院校管理效率。一要做到精简组织机构，明确部门权责。借鉴新加坡高职院校内部组织机构设置经验，精简行政管理部门，尤其是中层管理部门，要明确部门职责界限，明晰各部门人员具体工作与工作内容，做到"事事有人办，人人有事做"。二要做到纵向部门扁平化，横向部门无界限。纵向部门管理采取垂直化管理，实现下级向上级负责的管理办法，即校长向党委负责，副校长及各系部领导向校长负责，教师向所在部门领导负责的梯级负责制。横向平行部门间要实现部门无界限，党委组织与行政组织之间、行政部门之间、各系部之间、系部与行政部门之间实现无障碍合作，打破原有部门界限。实现各机构、各部门在设施和人员方面做到"一部门有需要，多部门来参与"的灵活组合，实现资源优化配置。各利益主体在这种无界限的管理体制下相互配合、监督，在合作式博弈下实现整体利益的同时确保自身利益的最大化。三要做到治理重心下移，实现权力下放。组织机构精简化、纵向管理扁平化，治理重心下移，把学院管理权力下放到部门，上层领导做好统筹规划、引导工作，中层领导实现目标分解、明确分工，基层领导做好带头工作，实现高职院校内部治理结构中的利益主体权责利具体化，使多部门协调合作。

其次，按照"大部门制"思路设置机构。大部门制是以整合各部门职能为线索推进机构改革，旨在充分发挥高职院校内部各委员会或工作领导小组的作用。相比于传统的科层式的组织机构体系，大部门制减少了中间管理层，精简了组织机构的数量，既提高了内部执行的效率，又提高了组织的灵活性，还增强了组织应变突发事件的能力。未来实现大部门制的院校也可按照扁平化管理模式，重新进行部门设计和职能定位。高职院校的机构设置可以按照两种思路来设计机构：第一种是按照工作的任务和性质来设计，主要包括业务、行政事务、党群三种类型；第二种是按照决策、咨询、执行、监督反馈分离制衡的原则来设计，设立决策机构、咨询机构、执行机构和监督反馈机构。

再次，清晰科研机构的设置和项目团队的管理。由于高职院校科研工作主要以应用技术研究和科技服务为主，高职院校的研究机构可以以兼职形式在组织结构上体现出矩阵式的特点。研究机构与学校科研项目、教学建设项目一样，实施项目化管理，由教师个人或自由组合团队进行申报，高职院校科研管理部门代表学校给予政策和经费的支持，进行目标的管理与考核。

最后，要积极扶持和充分发挥学生会等组织在高职院校治理中的作用，保障受教育者的合法权益，确保学生自治。高职院校治理结构的完善与办学自主权的落实与扩大的一项很重要的内容就是建立具有法人社团的学生会，并赋予学生会正当、必要的权力。学生是高职院校的利益主体之一，若要培养具有民主素质的公民，则必须通过真正的民主生活教育，而学生自治有利于学生适应未来社会的民主生活。学生作为法人社团的成员，其许多权利都能得到保障。学生有建立和参与学生自治团体的权利。我国著名的教育家陶行知早在1919年就提出"学生自治"的思想。他说："今日的学生就是将来的公民；将来所需要的公民即今日所应当养成的学生。专制国所需的公民是要他们有被统治的习惯；共和国所需要的公民是要他们有共同自治的能力。当然学生自治不是自由行动乃是共同治理；不是打消规则，乃是大家立法守法；不是放任，不是和学校宣布独立乃是练习自治的道理。"同时，学生会作为学生自治的团体，应该在法律法规规定的范围内活动，这是一种有限自治。

第三节 健全"党委领导、院长负责、教授治学、民主管理"的内部治理结构

高职院校内部治理主体主要有代表政治权力的党委、代表行政权力的校长、代表学术权力的教授和专家,以及代表民主权力的广大师生。针对当前部分高职院校治理实践中存在的政治权力与行政权力相互掣肘、民主监督贯彻不力等问题,要贯彻落实"党委领导下的校长负责制"这一基本制度,使党委引导高职院校的发展方向,参与高职院校重大事务的决策;校长全面负责高职院校的行政管理工作。除了在章程中规定两者的职权外,不同的高职院校应根据自身的治理实际完善治理结构设计,制定配套的实施细则,探索出符合校情、行之有效的内部治理结构模型。

一、建立完善咨询机构,为党委会集体决策做参考

高职院校的党委统一领导学院工作,集体研究决定重大事项,支持校长依法独立负责地开展工作。高职院校须建立健全党委会议事规则,明确议事范围主要是"三重一大",即"重大发展事项、重要干部任免、重要项目安排、大额资金使用",决策程序是组织调研、听取方案、个别酝酿、民主集中、会议决定。这种集体决策本身就是对决策权的制衡与监督。为进一步提高党委决策的科学性与公正性,高职院校可建立与"办学理事会"类似的咨询机构,该机构为高职院校重大办学事项的咨询、审议机构,主要由学院领导、学术委员会和行政工作委员会委员代表、教师代表、政府职能部门领导、行业企业代表、学生家长代表、职业教育领域专家等群体组成;理事会理事长一般由党委书记兼任。其主要职责是讨论学院发展定位、发展策略以及学院办学过程中的重大体制机制改革等问题;审议学院章程、中长期

发展规划、重大改革方案和年度重要工作；整合社会资源，推动政府、行业、企业和学院合作办学、合作育人、合作就业、合作发展。办学理事会可召开年会、季会、特别委员会和常务委员会会议制度，以会议的形式处理职责范围内的工作；建立办学理事会网络办公平台，确保工作常态化。办学理事会作为一种沟通机制，要较好地将校内外利益相关者联系到一起，高职院校党委充分听取利益相关者的意见，以对学院重大事项做出科学的判断与决策。

二、建立专门委员会，科学策划校长全面负责的工作

高职院校的校长全面负责人才培养、科学与技术研究、文化传承创新和行政管理中的重要工作，根据委托代理理论，校长将其工作委托给分管院长。因为校长负责的教育教学、科研、后勤服务和行政管理等工作需要遵循规律，需要不断创新，这样的工作由校长单独拍板有时难免缺少科学性与合理性，也不能授权职能部门自行设计。"综观当今世界各国大学，几乎都实行委员会代表制，很少实行部门制，大大小小的决策都是由不同层次的委员会做出，行政管理部门只是办事机构。"所以高职院校可以成立由一线教授、行业企业专家等权威人士以及利益相关者中学有专攻、深谙规律、富有创新精神的人员组成专业建设、通识教育、科学与技术研究、校企合作、师资队伍建设、后勤资产等专门委员会，对校长负责的各项工作进行策划，经校长办公会批准后由二级单位执行。充分发挥专门委员会在学校重要工作中的咨询、评议和决策作用。

（一）建立专业建设专门委员会

主要由分管教学的副校长，教务部门负责人、高职研究所负责人，二级教学单位行政负责人、专业带头人、骨干教师、学生代表等各方组成。其主要职责为：审议学校专业发展规划，定期评估、报告学院专业建设执行情况；审议学校专业建设管理基本制度、政策；制定专

业建设基本质量标准，明确专业建设工作基本要求；围绕专业建设的要素，开展优秀人才培养方案、精品课程、优秀教学成果、优秀实训实习基地等的评选，提交学校表彰办法；调查分析学校专业建设中存在的问题，对加强专业建设提出意见和建议。

(二) 建立通识教育委员会

一般可由校长、党委副书记、教学副校长，学工处、团委、教务处、基础教学部、后勤服务公司等部门负责人，二级教学单位学工负责人、辅导员、教师、学生代表组成。其主要工作职责为制定《通识教育实施纲要》等重要文件，正确定位通识教育工作，明确通识教育的目标、内容、方法、评价途径，明确师资队伍、实践基地建设等要求；指导通识教育理论、活动、实践和环境课程开发，组织评审课程标准；评议通识教育的重要管理制度和政策；开展调查研究，为深入推进通识教育提供意见和建议。

(三) 建立科学与技术研究专门委员会

主要由分管科技工作的副校长、科技处、高等教育研究所领导，技术、教学、教育、管理研究骨干，教学系主任代表，企业技术干部代表组成。其主要工作职责为：审议科学与技术研究工作规划、计划，监测、评估执行情况；审议研究工作管理制度、政策；评定课题、科技成果奖；调查研究学校在科学研究、技术服务、技术开发等领域存在的问题，提出改进学校研究工作的意见和建议。

(四) 建立校企合作专门委员会

主要由校长，校长办公室、教务处、科技处、继续教育学院和就业处等处室领导，企业、行业协会、政府部门领导组成，适当吸收二级教学单位负责人、专业带头人、技术研究骨干参加。其主要工作职责为：审议校企合作工作规划、年度工作计划；审议校企合作的基本制度、政策；指导教学系专业建设理事会工作；调查了解高职院校、企业和行业的合作需求，为推进校企合作提供意见和建议。

（五）建立师资队伍建设专门委员会

主要由分管人事工作的副校长，人事处、教务处、学工处、后勤管理处和组织部等处室领导组成，适当吸收教学系主任、专业带头人、教师、辅导员、行政人员、后勤人员和校外兼职教师代表参加。其主要工作职责为：审议学校师资队伍建设规划、年度工作计划；审议学校师资队伍建设的制度、政策；评审优秀教师和优秀教师团队；评审教职员工职称；为推进师资队伍建设提供意见和建议。

（六）建立后勤资产专门委员会

主要由分管后勤的副校长，财务处、资产管理处、保卫处等部门的负责人，广大师生和后勤服务人员代表组成。其主要工作职责为：审议高职院校基本建设规划和财产管理基本制度、政策；组织审议、论证重大基础建设项目；审议高职院校年度经费预算方案；调查研究高职院校后勤服务中存在的问题，为改进后勤管理与服务提供意见和建议。

一些重要的专门工作委员会主任最好由校长兼任，从而保证学术权力和行政权力的有效耦合。所有的专门工作委员会均应制定自己的章程，界定委员会的性质、宗旨和职责，明确成员构成、任职期限，规定委员的评选条件及产生办法，建立基本工作制度和议事规则。确保专门工作委员会有效参与高职院校的内部治理。

第四节 建立高职院校理事会，各利益主体参与学校治理

根据利益相关者理论，高职院校应建立直接利益相关者"共同治理"学校的模式，但在现实情况下，由于缺少相应的制度设计，我国高职院校的教师、学生以及校企合作单位参与学校治理的机会很少。

目前，大多数高职院校已经建立了理事会制度，只是还没有发挥其应有的效力。高职院校应继续完善理事会配套的制度体系，吸纳地方政府、行业、企业、专家等构建"政行校企"共同体，构建起政治权力、行政权力、学术权力、学生权力、社会权力的耦合机制，探索一种各利益相关方"共同治理"的模式。结合地方经济特色、产业发展趋势、企业人才需求、学校发展实际，为高职院校提供咨询、指导、评价、监督等方面的服务，以提升高职院校的治理能力。

一、明确理事会的职能定位

目前，我国高职院校中成立的董事会或理事会通常属于指导咨询型。从我国高职院校所处的法律和政策环境来看，高职院校理事会的职能定位还无法获得突破。在法律依据方面，《高等教育法》明确规定，包括高职院校在内的高校实行党委领导下的校长负责制；在政策环境方面，《国家中长期教育改革与发展规划纲要（2010—2020年）》提出"探索建立高等学校理事会或董事会，健全全社会支持和监督学校发展的长效机制"，从中可以看出，高职院校理事会仍然被视为一个筹资的平台，只具有咨询、建议、监督的职能。由此，现行体制下的高职院校理事会的定位只能是不具备决策权的指导咨询型理事会。高职院校可以在理事会的模式上进行探索，对其职能予以拓展，使其具有对学校的办学方向和定位、规模和层次、教学改革、校企合作、专业设置、招生就业和高职院校的中长期发展规划等重大事项的咨询权和建议权。高职院校在制定重大政策、年度工作计划以及实施重大改革和重要项目时，都可以将理事会作为一个咨询机构，把相关方案提交理事会审议，充分听取理事会成员的意见和建议，从而使理事会有更多的机会融入学校的治理中。

二、清晰理事会的构建模式

我国高职院校在转型期内,理事会可以有政府官员担任理事长的政府主导型、学校党委书记担任理事长的学校主导型、社会知名人士担任理事长的社会主导型三种组成模式。鉴于高职院校实行党委领导下的校长负责制的领导体制,如果从提升理事会对重大事项的咨询和建议力度的角度出发,可以采取学校党委书记担任理事会理事长的模式,将党的领导直接融入理事会体制,这样也解决了高职院校在越来越多的对外交流中党委书记的对等身份问题。理事会的成员,应由高职院校的直接利益相关者即高职院校高级管理人员代表、副高职称以上教师代表、校友代表、学生代表、政府职能部门代表、校企合作单位代表等各方组成。组建初期,人员数量以 15~19 人为宜,而且从高职教育推行校企合作办学模式的特点来说,校企合作单位代表应占较大的比例。理事会可以设立各专业工作委员会,如人才培养工作委员会、人力资源工作委员会、财务工作委员会、学生工作委员会、校企合作委员会等负责在相关专业领域为学校的改革发展提供咨询。专业工作委员会成员以理事为主,并可以吸收学校相关职能部门负责人、高职院校相关专业领域的广大师生参加,一般以 7~9 人为宜。理事会一般下设办公室或秘书处,挂靠在学校咨询机构,如发展规划部门或高职研究部门,这样从体制上就与学校咨询系统有效衔接起来,有利于理事会指导和咨询职能的发挥。

三、建立健全"党委领导下的理事会"决策体制与理事会运行机制

为充分体现决策主体多元、决策过程公开,增强决策的民主性和科学性,也为权力分享与均衡创造前提,高职院校应在坚持党的领导的前提下,建立健全保障高职院校理事会有序规范运转的决策体制与运行机制,建立健全理事会成员之间相互协商的合作机制,发挥理事

会在学校治理中密切联系社会、扩大民主决策、争取社会支持、完善社会监督的作用，支持高职院校的建设和发展。具体来讲，高职院校理事会以党委会决策的参谋身份，参与讨论审议学校发展过程中面临的重大战略问题，并将讨论审议结果以书面报告的形式上报学校党委会，帮助其形成最终决议；决议的具体执行由校长负责的行政领导班子组织实施；并全程接受教代会成员对决议执行情况的质询。从而构成学校党委会领导、理事会（社会）参与和校长负责三方结合的新型内部治理结构。在高职院校理事会人员组成方面，除在校师生代表应占一定比例外，企业行业代表、校友代表等应占一定比例，进入高职院校理事会，为高职院校决策的出台提供针对性建议。

"党委领导下的理事会"决策体制并非由学校党委会单独决策，这种决策体制是对以往的党委领导下的校长负责制的一种完善，它是以党委为主导、吸纳多方利益主体共同参与的新型决策体制。一方面，多方参与能够使各方利益主体权力增强；另一方面，也打破了内部人员的治理局面，有利于改变部分高职院校领导层集决策、执行、监督三种权力于一体的封闭状况，使高职院校更符合自身与行业企业联系紧密的职业教育的属性特征，使其可以更好地适应现代社会对职业教育的创新发展要求。这种新型决策体制提升了党对高职院校的领导水平，也能较好地处理党委和行政职责边界模糊的问题。在实际管理过程中，一些高职院校党委和以校长为首的行政班子往往因权限和定位的交叉而出现矛盾，加剧了管理内耗，降低了管理效率。这种有理事会参与、辅助党委决策的领导体制，更加明确了党委处于决策层的领导地位，把校长的权力定位在执行层面，很好地实现决策与执行的分离，从而使党委从具体的事务中摆脱出来，能集中精力考虑事关高职院校发展的战略性问题和重大事项。

要通过高职院校章程制度清晰地界定党委决策的重大事项，如办学方向、发展规划、审核批准年度预算、大资金的安排使用，与校长共同商议决定高职院校内部重要岗位人事任免。高职院校章程要用制度界定校内事务，根据范围性质采取不同的决策机制，减少和避免权力的矛盾和摩擦。应建立理事会章程，对高职院校理事会的定位、职能、人员组成及其权利和义务、内部组织结构和工作制度等做出界定，构建起理事会的基本运行框架。建立理事会运行的各项工作制度，如理事会例会制度、议事制度、咨询制度和监督制度等，为理事会的规范有效运转提供制度保障。高职院校应利用自身专业特色优势和地方经济社会发展的实际情况，以市场发展为导向，按照利益共享、合作共赢的原则，成立由科研机构、行业企业、社会组织、政府部门等多方参与的具有地域特色的职业教育集团；同时，也要出台符合自身实际的职业教育集团章程与具体的实施制度；保障职业教育集团能够实际运行。

第五节　健全学术组织，完善学术权力体系

一、建立完善学术组织的意义

《高等教育法》明确规定高等学校应设立学术委员会，并列举了学术委员会在教学、科研方面的具体职责。公办高职院校同属高等教育序列，从法理上应当设立学术委员会。同时，虽然高职院校与本科院校特别是研究型大学在学校定位、培养目标、师资水平等方面存在明显差别，但是公办高职院校也需要处理学术事务，因此也应当设立学术委员会。目前，公办高职院校普遍参照本科院校成立学术委员会，但未能充分体现高职院校的办学特点。认清公办高职院校学术委员会的性质和地位，对于构建和完善公办高职院校治理结构具有重要意义。

当前，相当一部分高职院校学术力量与行政力量存在的冲突，从外在表现形式来看，只是两种角色的冲突；而从更深层的本质来分析，是学术文化和行政文化两者的冲突。"学术本位"是包括高职院校在内的所有高校内部治理的基本原则。学术委员会是学校的学术决策机

构,是学术权力的体现渠道,要保证学术委员会对学术领域的决策权,学术权力的有效发挥是大学制度建设的基础。"去行政化"并非意味着与行政管理毫无关系,而是指其行政权力不能凌驾于学术权力之上,两者权力地位关系是平行对等的,不能利用行政权力干预学术研究,或者以行政权力替代学术权力。当前,相当一部分高职院校的学术委员会主任委员一般由校长担任,副主任委员由分管科研的副校长担任,秘书长由科研部门负责人担任,还有一部分委员由其他相关院领导、相关职能部门负责人和二级教学单位的行政负责人担任,这样的人员结构容易使党政领导班子的意见影响学术的评议、评审结果。

若要使教授治学成为一句实话,而非空谈,高职院校必须使学术委员会、教学工作委员会、专业建设指导委员会等机构保持足够的学术权力,维持学术权力的正统地位,从而促进教授治学的稳定落实。高职院校不仅要不断完善校级层面学术委员的良性运行机制和具体有效举措,而且要建立二级学院层面的学术委员会,严格按照高校学术委员会的规定以及要求,明确二级学院层面学术委员会在工作上的重要章程和规则内容,比如,人员比例的设定、议事程序的设置、具体的议事事项等,这样既能做到权力向二级管理部门下放,也是保障委员会组织处在学术权力上核心位置的重要举措,进而慢慢达到学术决策问题上的高度民主化以及科学化。

二、学术委员会的性质地位

高职院校的决策按照事务性质划分,可以区分为行政性事务决策和学术性事务决策;按照重要性划分,可分为重大事务决策和一般事务决策。重大事务决策由学校最高决策机构党委会定夺。而学术委员会对学术事务进行决策,拥有充分的发言权、表决权和决策权,保留行政事务的参与权与监督权。构建学术力量与行政力量的和谐协调关系,关键在于落实高校学术力量的主导地位,以及要明确学术委员会的法律地位和组织结构,确定学术委员会在学术方面的最高决策机构地位。可以从完善学术委员会的运行机制着手，切实保障教授治学的权力，疏通治学渠道，并且提高教授参与治学的积极性。为落实学术力量主导地位，可以采取以下两种方式：一是为保障学术权力的真正落实，规定高职院校学术组织的主任委员一般不能由党政一把手担任。二是减少其他行政职能部门对学院学术事务的管理，由高职院校学术委员会统一负责学术事务，统一指导管理，如职称评审委员会等相关学术组织。

《高等学校学术委员会规程》（以下简称《规程》）对高等学校学术委员会的性质和地位、组成规则、职责权限、运行制度等方面做出了全面、统一的规范，同时明确指出"高等职业学校、成人高等学校可以参照本规程，结合自身特点，确定学术委员会的组成及职责，制定学术委员会章程"，这为公办高职院校加强学术委员会建设提供了方向和依据。《规程》第二条指出："高等学校应当依法设立学术委员会……并以学术委员会作为校内最高学术机构，统筹行使学术事务的决策、审议、评定和咨询等职权。"基于此，应该建立校院（院系）两级学术委员会决策制度，赋予校（院）级学术委员会作为校内最高学术机构的地位，享有对高职院校一切学术事务的决策、审议、评定和咨询的权力，并根据需要决定是否内设专业建设、教学指导、职务评审等若干专门委员会；在纵向上完善院系分学术委员会，由院系领导、教授或副教授、专业负责人及行业企业专家等组成分学术委员会，赋予院系分学术委员处理本院系专业建设、教学管理、校企合作及相关学术事务的权力。

高职院校的学术委员会成为学校学术事务的决策机构，涉及高职院校教学、科研、职称评审及学术交流等学术类重大事项和重要问题，均应由学术委员会充分讨论并确定方案。学校党委会、校长办公会或董事会应充分尊重学术委员会的学术决策，并为学术委员会履行职能给予物质和制度保障。各级行政机构也应与各级学术委员会密切配合，确保其各项决策能够贯彻执行。同时，校级学术委员会与各专门委员会、院系分学术委员会不是严格的上下级关系，而是基于学术平等的协作关系。校院学术委员会及其分学术委员会都应该遵循学术规律，尊重学术自由，公平、公开、公正地履行职责，促进高职院校人才培养工作和教学科研工作的发展。

三、明确高职院校学术委员会的职能范围

《高等教育法》规定："高等学校设立学术委员会，履行下列职责：第一，审议学科建设、专业设置，教学、科学研究计划方案；第二，评定教学、科学研究成果；第三，调查、处理学术纠纷；第四，调查、认定学术不端行为；第五，按照章程审议、决定有关学术发展、学术评价、学术规范的其他事项。"这在法律上确定了高等学校学术委员会的基本职能，可以概括为对学术事务的审议、评定、咨询和监督。基于上述规定，高职院校作为一种建立历史不长、缺乏科研学术底蕴的高等院校，其学术委员会的职能主要应该在如下几个方面进一步明确。

（一）决策职能

高职院校在决策下列事务前，应提交学术委员会审议：第一，讨论制定学校科研项目规划、师资队伍建设、专业建设体系规划以及对外学术交流合作等重大学术事项；第二，讨论制定学校总体课程建设方案、人才培养方案、教师教学质量提升方案；第三，讨论制定学校教学科研成果、人才培养质量的评价标准及考核实施办法；第四，讨论制定学校教师职称评定实施办法、教师职务聘任的学术标准与实施办法；第五，讨论制定学术委员会及其专门委员会章程；第六，学校认为需要提交学术委员会决策的其他事务。

（二）评定职能

评定职能是指学术委员会及其成员基于学术标准，对学术人员、成果或项目的评估和鉴定的职能。评定范围包括：第一，高职院校教

师教学和科研成果的评定及奖励工作；第二，对新进教师、引进的高层次人才的学术水平考核工作；第三，建设项目的评定，包括研发中心、实训基地、精品课程、精品教材、优质教学资源库等。第四，高职院校认为需要评定学术水平的其他事项。

（三）咨询职能

咨询职能是指与学术事务相关的学校"三重一大"事项，在由高职院校决策机构做出决策前，应交由学术委员会讨论并提出咨询意见。其职能范围包括：第一，学校年度预算决算中科研经费的安排和使用；第二，高职院校内外重点课题申报及资金的安排使用；第三，校企合作中的教学、实训、学术研究事项；第四，高职院校认为需要听取学术委员会意见的其他事项。如果学术委员会对上述事项有不同意见的，学校应当做出说明、重新协商研究或者暂缓执行。咨询职能是学术委员会在学术事务上制约行政权力的重要方式，是实现学术自治和教授治学的有力措施。

（四）监督职能

监督职能是学术委员会依据学术标准对学术不端行为的认定和裁决以及对学术纠纷的调查处理。学术不端主要体现为在研究过程中剽窃他人研究成果或采取非法手段将他人研究成果据为己有的行为。学术纠纷是由于认识偏差、研究进度等原因造成的在学术问题上的分歧和冲突。学术委员会应该秉持专业、公正的态度处理学术不端和学术纠纷，以客观事实为依据，以专业评审为准则，做出公正合理的裁决，并将裁决结果作为相关行政机关后续处理的依据。学术委员会的监督职能是创建公平有序的学术环境、形成良好学术风气的重要举措，对于促进高职院校学术发展具有重要意义。

第六节　强化行业企业参与高职院校内部治理，完善具有职教特色的组织结构

政校行企多元主体协同治学、育人是职业院校办学的显著特色。衡量高职院校治理结构是否完善的一项重要指标是行业企业参与程度的高低。行业企业参与高职院校治理的关键是要有平台、有机会、有制度。允许行业企业参与高职院校党委决策过程、行政事务管理、学术质量保障等实质性的活动。要建立和完善具有职教特色的组织结构，重点健全行业企业参与高职院校内部治理的组织机构，实现多元主体共同治理、共同育人的办学模式，要建立基于产权制度和利益共享机制的集团治理结构，实现校企共同治理，把行业企业有效参与公立高职院校治理的构想真正落到实处。从而实现各权力方在权、责、利上的协调、配置、制约和平衡。

积极促进校企合作的实现，需建立实现学校和企业合作的基层教学组织，探索产学研一体、专兼职教师一体的专业教学组织结构；要积极引进符合企业行业的管理标准与流程，实现学校专业与企业岗位、课堂教学与车间实训、学校管理制度与行业企业管理体制机制互通；要积极争取政府部门的主动参与，使政府、企业、学校紧密合作，实现培训基地、课堂教学、校企科研、学校招生和企业招工等的一体化，真正建立学校、企业、政府三方联合的内部治理组织结构，提升高职院校内部治理能力。

一、国外行业企业参与职业院校治理的经验分析

在职业教育领域，积极推进行业企业参与职业院校治理对于提升职业教育质量具有重要意义。从职业教育发达国家或地区的办学经验来看，发达国家和地区普遍重视校企合作，将其摆在职教发展的重要位置，并在长期的校企合作实践中形成了各具特色的办学模式。在国

际比较视野下,对国内外职业教育校企合作治理的成功经验进行分析并根据我国职业教育发展实际,取其精华、去其糟粕,有助于提升我国职业教育的校企合作水平。

(一) 不断完善校企合作法律体系,增加合作规范

从全球发达国家的经验来看,完备的法律保障体系是推进职业教育校企合作发展的重要前提。如美国在校企合作方面的法律成绩斐然,从20世纪50年代就开始通过立法对职业教育加强保障,其中最具代表性的立法是《职业教育法》。《职业教育法》减少了职业教育改革进程中的阻碍,依托法律的力量对职业教育进行了发展维护。随着时间的推移,早期颁布的立法在美国得到了一定的修正,美国政府又针对高等职业教育的发展情况有针对性地开展立法工作。美国政府不断通过立法促进高等职业教育的教学工作,要求高等职业教育能够进行得更加系统规范,确保为每个学生提供平等学习和发展的平台。美国政府很早就意识到了市场经济对职业教育的影响,开始从法律上对校企合作模式进行细致的规范,其中影响力较大的一部法案是《学校至职场机会法案》。该法案明确提出应构建以企业为基础的教育基地,利用企业与学校之间的合作,帮助学生实现能力的提升。

德国也不断完善校企合作法律法规,保障职业教育的发展,截至目前已经构建出了较为成熟的高等职业教育模式。与美国相同,德国为了满足国内生产需要,强化高等职业教育的重要性,从20世纪60年代开始开展大量相关立法工作。德国校企合作相关立法最大的特点是条理清晰,将学生、用人单位以及学校的权利和义务等划分得十分明确,可以有效减少校企合作过程中出现不必要的纠纷和麻烦。在德国,校企合作是强制性的,通常情况下企业只有两种选择:一是承担人才培养工作;二是支出一定的资金支持职教的发展。当然,为了减少企业对校企合作培养方式的抵触,德国政府也在财税方面给予参加校企合作的企业优惠。除此之外,德国的校企合作模式已经走过了初级阶段,在《劳动促进法》等相关法律的支持下,校企合作更强调合

作的双赢，企业除了承担培养责任外，也可以得到学校给予的支持，使双方在合作中都能给对方带来积极的帮助和影响。

又如，日本的职业教育之所以走在亚洲前列，与国家重视职业教育校企合作的法律保障是分不开的。早在1958年，日本就已经颁布实施了《职业训练法》，为职业教育法律建设奠定了基础。随后，日本又制定了职业教育的补充法律法规。

（二）政府合理调控

美国不仅从法律的层面对校企合作进行保障，也在校企合作过程中发挥了巨大的促进作用，弥补了市场经济中的不足。其中最主要的一条就是制定财税政策，对愿意承担职业教育的企业给予优惠。美国政府为了增加相关各方对职业培训的重视，还设置了学生企业实践资格制度，如果学生无法取得行业资格证，就业就会受到阻碍。德国政府为了突出对校企合作管理的专业性和针对性，在政府机构中加设了产业合作委员会。该委员会承担与校企合作相关的所有工作，并对职业教育中的校企合作有所侧重。除了设立专门管理部门外，德国政府还考虑到校企合作过程中经济上的需要，因此设置了减免税收、财政补贴等财税政策。澳大利亚政府对校企合作一直采取非常积极的态度，针对现代学徒制制定了完善的社会保障。现代学徒制是传统学徒制融入学校教育因素的一种职业教育，是职业教育校企合作不断深化的一种新的形式，顶岗实习、订单式培养、现代学徒制是一种递进关系。如果企业愿意接收学徒，那么其只需要承担基本的薪酬支出，除此之外，其他方面的支出都可以由政府承担。不仅如此，澳大利亚政府也在财税方面制定了差异性政策，对参与校企合作与不参与校企合作的企业差别性对待。

（三）设立专门机构进行管理

德国政府在对校企合作进行把控的过程中，通过设立产业合作委员会的方式来提升管理的专业性，实际上，除了德国之外还有很多国家设置了类似的专门管理机构,针对校企合作进行专项管理。如澳大利亚主要利用行业协会进行校企合作的管理,但是在管理范围方面对其有着一定的限制,主要负责审批、回复、规划等。在实际工作中,行业协会主要的作用是润滑用人单位、政府、学校、学生四者之间的关系,并为各方提供有效的信息,方便校企之间互相了解,构成合作关系。又如瑞士政府对行业组织十分信赖,国内的很多工作都由相关行业组织协调完成。通过对瑞士国内行业组织进行分析,发现这些行业组织十分重视培训工作,可以为相关职业院校提供专业的实训服务,让学生能够在实训车间动手操作,行业组织还会对培训工作进行系统化管理,针对学生的专业、能力等进行合理的安排,让学生从实训中有更多的收获,并增强校企合作的实际意义。

(四)行业企业实际参与职业院校的教育教学,合作治理深度融合

校企合作双方虽然都处于平等的位置,但是在实际合作中企业很少能够参与到学校的教育工作中,对人才培养的影响较小。这在一定程度上削弱了企业在校企合作中的作用。因此,美国在促进职业教育与企业进行合作的过程中,重点强调了企业在学校教育教学和人才培养中的作用。在美国,企业在与高职院校形成合作关系后,除了满足学校的实训要求外,还会派专人到学校参与教育教学工作,与学校教师共同讨论学生的培养计划,并安排有经验的优秀工作人员进入学校为学生演讲或者授课。美国还有很多由企业直接出资建设的学校,这些学校校企合作关系更加紧密,学生可以得到更多实践方面的知识和机会,并且企业也能够结合自己的需要进行针对性的人才培养。澳大利亚企业也会参与学校的教学,并且在与学校合作的过程中形成了一种新的学徒机制。学徒制作为工学结合人才培养模式的深化,其内在的逻辑体系和运作流程蕴含着丰富的职业教育思想。这种"工"与"学"的交替、将工作与学习相融合的教育模式的建构和发展,是新形势下高职教育本质特征赋予现代学徒制的新内涵。这种教育模式最

大的特色就是理论和实践趋于同步,一方面,学生要接受职业院校的理论教学;另一方面又可以到企业工作。企业应用学徒制的主要目的是进行专业人才培养,因此会支付学徒的培养费用,而且在学徒制中实践教学要重于理论教学。

二、有效推进行业企业参与高职院校治理的策略

(一) 改革制度结构,科学设计,调动多元主体参与高职院校治理的主动性、积极性

高职教育领域校企合作制度供给内涵在于政府对于职业院校和行业企业协同育人,以及对校企合作利益相关者全面、科学、系统地规划。制度化表现在各类相关法律法规必须相互配合、不产生冲突。校企合作的目标是合作育人,培养适应产业需求的技术技能人才、服务技能人才。校企合作顶层制度设计迫切需要明确校企合作育人目标,进行制度实施、机制与具体路径安排的规划。校企合作的制度框架应包括校企合作法律保障制度,校企成本分担与补偿制度,教职工、学生权益保障制度等。

一是要尽快建立法律保障制度。通过法律的积极推进、贯彻落实来调动多方主体的积极性。二是要建立校企成本分担与补偿制度。尤其是在国家鼓励混合所有制办学的情况下,国有资本、集体资本、非公有资本等不同所有制性质的资本所有者交叉投入职业教育,并注意要界定国家、地方政府、企业、职业院校、学生及家长在校企合作过程中的成本分担制度,收益、补偿制度。三是要建立交流、沟通制度。政府应成立相关管理机构及服务平台,在宏观层面上设计制度管理框架和基本格局,具体包括校企合作项目申请、师资培训、运行监督、成果评估平台。通过校企合作实施平台的建设,促进职业院校教师和企业兼职教师互相交流与学习,构建职业院校与行业企业信息分享机制,促进产教融合、协同创新,最终实现教育资源的有效利用,提升

职业院校教育质量和企业创新能力。四是要建立财政支撑体系，积极鼓励职业院校教职工、学生、企业管理者、员工主动参与校企合作，落实职业教育校企合作中企业的教育主体地位。

（二）改革校企合作各方关系结构，建立供需融通的合作关系

提高校企合作治理水平，推进校企合作深度融合，仅仅依靠职业院校是不可能实现的。校企合作相关主体需要建立互为供需、融通创新的新型校企合作关系。校企合作关系外在表现为校企合作相关主体长期稳定的伙伴关系，全面紧密、深度融合的战略合作关系。"新型"一是指"互为供需"。从供给侧维度，各级政府与职业院校、企业满足制度供给与需求的关系，职业院校和企业各自满足供给与需求的关系，职业院校、企业与学生满足供给与需求的关系。二是指"融通创新"。融通就是融会通达而了无滞碍的意思。校企合作就是深化融通协作，建立相关主体融会通达而了无滞碍的合作关系的过程。"创新"是指创新各主体互动融通、高效协同的校企合作。校企合作本质上是一种共生式依赖关系，其外在表现形式是异质性资源交换和转化。校企命运共同体，就是要倡导命运共同体意识，在追求校企合作多元主体自身利益时兼顾其他主体，在谋求自身发展中促进各主体共同发展，建立更加平等均衡、协同发展的伙伴关系，同舟共济，权责共担，增进校企多元主体共同利益。

（三）以落实政府责任为基点提升高职教育校企合作治理水平

事物的发展是内外因共同作用的结果，内因是根本原因，外因是事物发展的外部条件。高职教育校企合作治理水平的提升，既依赖于良好的外部条件，更需要自身作用的发挥。促进校企合作既要发挥政府的主导作用，又要发挥职业院校自身的自主性，要在落实政府责任的基础上推进校企合作供给侧改革，提高职业教育校企合作的质量。

其主要方式如下：

1. 正确行使校企合作权力

落实政府责任、推进职业教育校企合作，政府要明确自身的权力限度和责任范围，在履职过程中首先必须明确哪些方面由政府统筹管理，哪些方面由市场调节。政府的责任主要在于为校企合作提供一个秩序化的环境，必须要避免政府的过度干预，在发挥政府主导作用的前提下充分保障市场规律对校企合作的调节作用，处理好政府主导与市场调节、政府主导与企业参与、政府主导与学校自主之间的关系。政府应该坚持"抓大放小"的原则，在校企合作发展的方向、政策和措施、财政投入等一些大的方面发挥自身的宏观调控与管理作用，而在校企合作的具体形式、办学模式、教学内容、办学规模等具体事宜上则应由市场调节为主。在充分发挥宏观引导和统筹协调作用的前提下，遵循市场规律并按市场规律办事，尊重合作各方的主观能动性，调动校企双方的积极性和创造性。

2. 明确政府职能，厘清政府责任

要推进高职教育校企合作进程，政府必须改革管理模式，完善管理机构体系，明确政府各管理部门在职业教育校企合作中的职能范围，明确职责划分，并将其作为各部门政绩考核的一项重要指标。鉴于政府管理中存在的职能"缺位""越位""错位"等"责任不清"的问题，应明确各部门各自管理的权限范围，实行"归口管理"，同时，加强各部门间的协作，明确规定企业的主体地位。建立政府主导的校企合作教育管理机构，完善校企管理体系。各级政府尤其应当划清教育部门与人事劳动保障等部门的管辖范围，厘清各自的职能，提高管理效能。

3. 完善监督机制，加强对职业教育校企合作工作的督导

当前，我国职业教育校企合作没有形成多元主体参与的社会化评价监督机制，评价主体单一，影响了监督评价过程的科学性和客观性，使监督评价过程未能发挥其应有的作用和价值。因此，应由教育行政

部门牵头，各相关方共同参与，建立校企合作监督机制。一要健全监督体系，包括完善监督内容、监督评价标准等。二要成立监督机构，确定监督机构成员、完善监督方式。三要强化过程监督，主要是有效监督职业教育校企合作各主体权利与义务的履行情况。监督机制应纳入教育行政部门、行业组织、职业学校、职校学生及家长、第三方组织，组成专门的监督评价机构，对参与校企合作的职业院校、行业企业进行公开公正的评价。职业教育校企合作监督评价机制应通过以政府适当宏观调控下的市场运作为主的方式进行。履行政府监督职能可以保证校企双方较为顺利地沿着既定目标、方式开展合作，保证双方应有的权利和义务。政府在校企合作中需要承担协调管理、平台保障、监督评价等责任。政府通过与职业院校对话、与企业对话，交换合作双方的意见和想法，协调合作各方的利益，实现双方坦诚合作。同时，加强对校企合作的指导，把握大的方向，通过资金、政策法规等的支持，保障合作顺利开展。另外，要充当校企合作过程的监督者和评价者，监督合作过程，评价合作成果，检验校企合作成效。保证合作双方沿着既定的合作目标、内容、方式等运行，督促职业教育校企合作各方在合作过程中认真履行自身的职责和义务，有效提升行业企业与职业院校合作治理的水平。

（四）搭建更加灵活多元的校企合作平台

目前，针对校企合作办学中高职学生的职业能力和职业精神欠缺、校企合作办学失效失真等问题，高职院校和相关管理部门要在"体制机制、学生、成果和服务"等供给侧要素上下功夫，坚持创新引领，搭建更加灵活多元的校企合作办学平台，切实满足企业生产实践的现实需求。要通过构建岗位能力和职业素质为核心的课程体系，大力推进任务驱动、项目导向、案例分析、顶岗实习等教学模式，融理论教学与实践教学、学历教育与职业资格考证于一体。要以满足企业需求为第一目标，完善科技成果转化奖励制度，大力推动科技成果处置、使用和收益分配制度改革，建立科学合理的科技成果转化组织体系和政策机制，培养一支科技成果转化队伍，将科研成果快速有效地转化为现实生产力，服务经济社会和行业（企业）现实发展需求；要加强对高职学生人文素质等通识文化知识的教育，努力使所培养的人才既有扎实的专业知识和实践技能，又具有良好的人文精神、职业道德和职业素养；顺应"互联网+"时代和"大众创业、万众创新"的新形势和新要求，加强创新创业教育，形成人才培养和技术创新的高峰。

发达国家高职教育发展的成功经验和我国现代职业教育孕育发展的历程都表明一个好的运行机制和合作平台对提升校企合作办学水平具有重要意义。首先，要创新运行体制，借鉴高职教育在萌生时期校办产业、校企股份合作、行业办学等成功模式，研究探索不同法人主体下的集团化、集群化、集合式校企合作办学新模式，探索与行业企业共建董事会、理事会，校企共建混编团队，共享人才资源的模式。如校企可以构建理事会领导下的院长负责制，由企业方出任理事长，校方任副理事长；校方任命二级学院院长，企业方任命二级学院副院长，共同推进人才培养。其次，应该创新动力体制，在充分关照企业利益诉求的原则下，由政府牵头搭建校企合作办学平台，构建校企共生机制和互赢互惠机制，实践适应劳动者多样化、差异化需求的职业教育培训体系以促进合作育人。最后，要创新评价体制。评价最重要的意图不是为了证明，而是为了改进。要积极培育由科研机构、行业（企业）等共同组建的第三方专业评价机构，对校企合作办学模式、治理结构和办学成效进行全方位和立体式的评价，形成多元开放的评价体系。

第六章 基于内部治理能力提升的高职院校校院两级管理改革

创新治理结构和提高管理效能是我国现代职业教育体系建设的重要实践。以增强办学活力、提高内部治理能力为核心创新高职院校校院两级管理改革,有利于理顺治理结构、运行机制和执行体系三者之间的关系,增强高职院校的办学自主性和积极性;优化高职教育资源配置;提高资源利用效率。所谓校院两级管理,主要是指在高职院校实行党委领导下的校长负责制平台上,将人事、财务、教学管理等权力"让渡"给二级学院(系部),促进学校与系部两级组织之间责、权、利的协调一致,从而不断强化学校与二级教学单位之间的利益协调与利益整合的一种新型内部治理模式。这一模式主要以"分权与制衡"的理念为指导,实现学校管理重心下移,科学界定权力"让渡"的内涵,准确分解"管理重心下沉"的任务,进而明确高职院校校院两级管理模式运行中学校与二级学院(系部)的责、权、利,从而推进高职院校内部治理的科学化、民主化与规范化;深入有效地推进高职院校治理体系和治理能力现代化建设。

第一节 高职院校校院两级管理改革的理论基础及关键环节

一、高职院校校院两级管理改革的理论基础

(一)高职教育的特性理论

高职院校具有双重属性,既有"高等性",又有"职业性"。"高

等性"决定了高职教育必须以一定的现代科学技术、文化和管理知识为基础,进行高水平的职业技术教育,要求学生熟练掌握高水平应用技术和职业技能,并具有一定的对未来职业技术变化的适应性,这也是其区别于中职教育之所在。"职业性"则强调应用技术和职业技能的实用性和针对性,知识及其学科基础注重综合性,围绕生产、建设、管理和服务第一线职业岗位的实际需要,以必需、够用为度,这又是高职教育不同于高等教育之处。高职教育的特性理论决定了高职院校必须要注重以专业建设为龙头、课程建设为核心的内涵建设,这要求高职院校管理的重心应在二级学院。

(二) 管理幅度理论

现代管理关于管理幅度的理论认为,一个上级管理者一般以直接管理 5~8 个下级为宜,超过 10 个就难以协调和把握了。把制度建设和管理幅度这两个因素结合在一起,是高职院校院系两级管理体制存在的基础。在"院系两级管理重心下移"中,对系部的制度建设和运行机制应当给予足够的关注;同时,面对达到一定规模的高职院校,"院系两级管理重心下移"乃是必然选择。

"院系两级管理重心下移"的实质是权力下移,即把权力从学院转移至系部,但是,权力下移应当遵循一定的原则,无原则的"权力下移"必将造成混乱。因此,在院系两级管理体制改革中应当确立好"权力下移"的原则和权力运行的制约机制,使之既符合权力运行的一般规则,又不致抑制效率。

(三) 目标管理理论

目标管理就是围绕管理的目标所进行的管理,是让组织的管理人员和员工亲自参与目标的制定,在工作中实行"自我控制"并努力完成目标的一种管理制度或方法。管理学家德鲁克认为,如果一个范围没有特定的目标,则这范围必定被忽视,如果没有方向一致的分目标来指导各级管理人员的工作,则组织规模越大,人员越多时,发生冲突和浪费的可能性就越大。目标管理具有以下特点：首先，目标管理强调"参与"，用总目标指导分目标，用分目标保证总目标，形成"目标—手段"链。其次，目标管理强调"自我控制"，目标管理的主旨在于用"自我控制"代替"压制性管理"，它使管理人员能够控制自己的行为。再次，目标管理促使权力下放，从而有利于解决组织的集权和分权的矛盾，有助于在保持有效控制的前提下，使组织更有活力。最后，目标管理注重成果，只有实行目标管理，通过建立一套完善的目标考核体系，才能按贡献大小来评价各层级和广大教职工的工作效率。

二、高职院校校院两级管理改革的关键环节

所谓两级管理，是以分权为特征，在组织统一领导下，将事权、财权和人事权等让渡给二级组织，使组织各层的责、权、利相协调，组织目标与部门目标相统一，增强组织灵活性和适应性的一种组织管理模式。这种组织管理与传统的集权式组织管理相对应，其实质是管理重心的下移，增强组织的环境适应性。组织两级管理起始于企业实践，是企业面对日益复杂的市场环境所做出的组织架构的动态调整，以适应环境的动态变化。我国高等教育经历了自20世纪90年代后期开始的扩张发展后，现在面临着产业结构的转型发展、经济的高质量发展、就业压力和环境的复杂多变等现实情况，各高校纷纷将两级管理改革视作适应这些变化的战略选择。作为高等教育的重要组成部分，高职院校也将推行两级管理作为改革的一项重要举措。要落实好两级管理，既要遵循高等教育的一般规律，又要坚持实事求是的态度，根据高职教育的实际，遵照高职教育规律，抓两级管理的关键，抓两级管理的突破。

回溯高职院校的发展历史，可以发现我国高职院校一部分为新创办，一部分是传统中等学校升格转型而来，一部分是由成人高校、广播电视大学等合并、转型而来，还有极少一部分是一些综合性大

学创办的高职二级学院。其中,前三种类型为主体,且以中专学校升格为主体,综合性大学内的高职二级学院一般不具有独立法人资格。因此,前三类高职院校代表了我国高职教育发展的现状。无论从高职院校母体还是高职院校发展历史来看,与其他类型高校相比,高职院校都具有发展历史相对较短、积淀不够深厚、人文氛围和学术氛围不够浓厚等特点。从另外一个角度分析,两级管理必然需要推行学院管理重心的下移,其本质是一种权力让渡与权力体系的重构。在新的形势下,要求建立起党委领导下的层级制的行政权力,以及体现教授治校的学术权力的互动与有机统一。没有顶层权力向二级机构的权力让渡,就不能实现真正的两级管理;没有二级机构对权力的正确运用,两级管理就会走样;没有学术权力走上前台,两级管理就有可能沦落为新的名利场。因此,党委领导是核心,权力让渡是保证,学术权力的发挥是抓手。换言之,在坚持党委领导核心的前提下,确保权力有效让渡、发挥学术权力的作用,是高职院校推行两级管理的关键。

高职院校权力有效让渡的内涵关键体现在:上层能将权力真正下放、下级能将权力合理有效地运用。发挥学术权力作用的关键之处在于:一是重视专家治校的意义和价值,二是学术力量能在业务范围内正确发挥影响力和作用。事实上,高职院校与这样的要求还有一定差距,推进两级管理尚存一些阻碍因素。

第二节 高职院校校院两级管理改革的现实困境及其原因分析

我国现代大学制度不是历史的、西方的大学制度,而是具有中国特色的面向未来的现代大学制度,其核心是改革和完善大学内部治理结构。我国是社会主义国家，我国高职院校实行的是党委领导下的校长负责制，这个是经历史不断发展探索检验形成的最适合我国高校发展的治理体制，但是现实中也存在不同的现实困境，如何突破现实困境，完善构建现代大学制度下我国高职院校二级学院治理结构是提升高职院校办学活力、提升治理效能、实现其创新发展的现实需要。

一、我国高职院校校院两级管理改革的现实困境

（一）管理制度不完善，二级学院职能权责定位不准确

大多数高职院校是由中专学校或是成人高校合并升格而成的，尚处于建校的起步阶段，原有的管理规章制度已不符合高职院校办学理念的需要，再加上借鉴其他院校仓促而就的各种管理制度，不能真实反映高职院校两级管理的实际要求，导致院系两级管理的职责权限划分不清、经济利益分配不合理、制度缺乏协调性。如大多数高职院校鼓励系部利用自身的教学资源优势开展社会培训，拓宽创收渠道，但按照职能部门制定的创收分配方案进行二次分配时，教师获得的创收收入偏少，与他们的实际付出远不成比例，这在一定程度上挫伤了教师参与社会服务的积极性。

高职院校两级管理难以有效实施的关键在于院系各部门对其基本职能没有进行明确的划分或者划分不到位。学院管理仍然集中在校级层面和职能部门，导致学院与系部的责、权、利存在分离现象。系部自身的教学、科研、学生管理等工作繁重，因此，需要有一定的管理自主权。而实际上，系部在专业设置、学科建设、职称评聘、人员调配、引进人才、经费等方面缺乏管理权力，管理权限很大程度上集中在学院及其职能部门，系部成了被动的执行机构，工作积极性没有被调动起来，两级管理优势也没有得到充分的发挥。如在教学管理中，由于高职院校独特的人才培养定位和教学活动的实践性，系部理应成

为责任主体，但实际情况是教学管理的权限主要集中在学院教务部门，甚至调整上课时间及变更上课地点都需要经过教务部门批准，这在一定程度上使职能部门忙于日常事务性工作，而管理工作反而做得不到位。

在职能处室与二级学院的关系上，垂直管理的痕迹很重。现有的高职院校多是从中专学校升格而来的，长期的、根深蒂固的中专教育形成的教育理念和管理方式使高职教育中一级管理的痕迹很重。部分高职院校的校级层面和许多职能处室至今依然保持着对二级学院发出指示的职能，且权力过大，这种组织结构形式容易造成"多头领导、政出多门"的现象，令二级学院无所适从，工作效率低下。

（二）重心下移不够

实施院系两级管理的核心是管理重心下移，而在实际操作中，重心下移程度很难确定，并没有一个统一的标准。一是人事权下放不到位，系部人员编制掌握在学院人事管理部门，系部对必备的管理人员及专业教师没有选择权，只能被动接受；二是系部缺乏必要的财政权，表面上，学院每年按照年初财务预算按时足额拨付系部各项使用经费，系部按规定也享有年度经费的二次分配权限，但是学院对配给资金的额度控制严格，留给系部自主处置的份额极少，系部在分配上没有话语权，对教师缺乏过硬的约束手段；三是在物资配置上，系部没有自主权，实验实训设备的购置需要经过层层审批，工作流程繁杂，报批周期冗长，严重影响和制约着系部的办学活力，挫伤了系部自主管理的主动性。

（三）办学自主与内部自治的矛盾

我国是具有中国特色的社会主义国家，与西方国家国情不同。西方高校大多数属于自发形成的，各高校的学院具有自发性和自主性，他们认为大学作为研究高深学问的场所，应该不受政府、宗教或其他机构的控制，因此从中世纪以来就形成了"大学自治""学术自由"

和"教授治学"的治理理念。我国虽然没有完全实现大学自治，但是为了保证高等教育的健康发展，我国也在不断探索适合我国高校发展的大学自治理念，比如，确定高校法人地位，下放办学自主权等，这些是实现大学自治的重要前提。

我国高校法人地位由计划到雏形的形成，经历了一个漫长的过程。1985年颁布的《中共中央关于教育体制改革的决定》提出"扩大高校的办学自主权"，标志着我国高校法人地位渐渐开始形成雏形，为日后高等学校法人地位的确定奠定基础。之后《教育法》《高等教育法》相继颁布，确定了我国高校的法人资格与地位，标志着我国高校真正意义上的法人地位确定。其中，政府与高校存在"委托—代理"关系，即政府向高校提出目标，并给予高校相应的办学自主权，政府作为委托人，高校是具有专业知识的代理人，能够根据自身运行状况制订一系列计划促进自身的积极发展。

虽然我国从法律上确定了高校法人制度，但是高校法人的发展一直局限在理论构建与实践探索的双重作用下，在实际发展过程中，总存在不同的问题：首先，高校的人事权和财政权还是由相关政府部门管理控制，其中包括高校的年度工资福利支出、高校人员编制等，因此导致高校无法根据自身发展建设引进人才，所以高校仍然是政府的一个下属部门。其次，高校内部党委与校长之间的关系有交叉的地方，党委作为高校的最高决策机构，校长全面负责高校的行政工作，但是在实践中，两者关系仍缺乏有效的关系界定。

虽然高职院校已在法律上确认其法人地位，但是高职院校的二级学院不是法人，在实际办学过程中，高职院校很难将办学自主权真正下放至二级学院，部分二级学院虽然拥有相对独立的人事权、财务权、教学科研权，但只具有法人的权力，并无法人之实。在二级学院也存在"委托—代理"关系，如高职院校院长及领导作为委托人，将一部分的办学自主权下放给二级学院，委托二级学院院长以及管理人员来有效运行学院内部各种事务，因此院长与管理人员也是学院层级的代理人。另外，二级学院院长与教师之间也存在"委托—代理"关系，如院长将学院的教学、科研等任务委托教师负责。这之间存在的"委托—代理"关系，也需要设立相应的制度和法规来激励代理人发挥自主性，但是，相当一部分高职院校没有相应的健全的法律规定二级学院的法人地位，使二级学院难以发挥积极性。因此，高职院校是否可以考虑对二级学院实行"准实体或相对实体化"。准实体或相对实体化是在法人内部成立的，具有一定的民事权利，在法人的直接领导下，承担一定的义务，拥有较大的自主权和独立财产的组织实体。这样可以激发二级学院的自主性和积极性，保持其办学活力。

（四）行政权力与学术权力之间的矛盾和冲突

对比中外高校发展的历史可以看出，西方高校具有很大的自治权，逐步形成了大学自治、学术自由和教授治学的大学精神和大学治理理念。我国高校在产生之时一般是由政府举办的。虽然国家强调高校法人制度，逐步下放办学自主权，高校的自主权有所提高，但是本质上政府与高校之间的"委托—代理"关系没有改变，政府对高校有较大的控制权，高校也较依赖于政府，所以导致我国的大学精神与西方高校在本质上有较大的不同。因此，高校治理理念要立足现阶段我国基本国情，建设有中国特色的现代大学精神与现代大学制度。

从西方高校的学院治理中，可以看出如法国的巴黎大学、英国的"牛桥"大学最初都是民间自发组织成立的学院的集合体，高校的重心都在基层，而二级学院作为最重要的学术机构，保持独立性才是保障大学合理高效运作的重要条件。高校作为研究高深学问的场所，不受政府、宗教或其他机构的控制，因此从中世纪以来就形成了"大学自治""学术自由"和"教授治学"的治理理念。学院内部崇尚学术自由，教授拥有独立研究与教学的自由，较少受权力干涉。我国的高职院校是一类建设历史不长的高等院校，其二级学院中存在着行政权力与学术权力之间的矛盾和冲突，主要表现在不少二级学院行政权力与学术权力主体交叉、二级学院学术权力集权现象时有发生、二级学院中行政权力与学术权力有时存在误解与冲突等方面。这些都反映了我国高职院校二级学院中存在的行政权力泛化和学术权力弱化的倾向。

（五）内部资源配置不合理

内部资源的优化配置实质上就是如何有效组织并合理利用既有的教育教学资源，有效协调各权力主体之间的相互关系，从而切实提高办学效率。高职院校实施两级管理，需要重新调整和分配校院两级教育资源，这实质上是调整高职院校资源的利益主体的相互关系和提高办学效率的问题。近年来，高职院校为了扩大办学规模，把大量的物力和财力资源投入硬件建设和校级的建设和管理中，院（系）的教学与科研设施建设滞后，造成院（系）资源配置偏低。另外，在各院（系）教育资源分配上，为了做大做强优势专业，而有意识向优势院（系）倾斜，把大量优质的人力和财力资源配置到优势院（系），牺牲弱势院（系）的利益。结果造成了院（系）组织之间发展的恶性循环，无形中限制了弱势系部的发展，最终影响了整个高职院校的健康持续发展。

（六）院系两级管理改革的保障机制乏力

近年来，许多高职院校都进行了院系两级管理改革，不断建立院系两级管理的相关制度，但相当一部分高职院校针对院系两级管理改革的制度不健全、不完善、不具体，更缺乏顶层设计，缺乏战略性、发展性、操作性、规范性，与具体实践发展难以适应。在制度制定上疲于应付，在制度运用上失控失灵。一些学校对院系两级管理改革的总目标、阶段性目标、工作任务和保障措施没有形成明确的认识，改革过程中，难以进行有效的检查督导和调控。有些高职院校虽有较为详细的改革计划，也对改革过程进行了监督检查，但对出现的问题不能进行及时地纠正，改革也因此难以有效地推进。

有些高职院校对院系两级管理体制改革中应解决的基本问题认识不清，激励制度没有形成或没有施行，或激励政策力度较小未产生明显的作用，改革没有将教职工的积极性调动起来，改革中沉睡的问题得不到解决或没有找到解决问题的有效方法，改革没有取得实质性的创新，难以推进和深化。

二、高职院校校院两级管理改革现实困境的原因分析

（一）缺乏对校院两级管理体制改革的总体设计

校院两级管理体制改革发展的总目标确定以后，实施的关键在于阶段性目标的逐步实现，如果总体设计中阶段性目标不明确，各部门（包括二级学院）很难有效地制定和实施各自的阶段目标和工作内容，也难以制定目标完成的考核依据、衡量标准及奖惩措施。如果对改革的发展趋势、改革中各阶段出现的问题及解决问题的方案缺乏充分的准备，就会影响改革工作的顺利进行。当前，有部分高职院校总体设计不明确，对二级学院改革中要解决的主要问题缺乏规划，在制度设计中不能很好地明确政策和措施的着力点，不知道无法完成阶段任务时应该采取什么措施、改革可以依靠哪些中坚力量、如何制定更好地发挥这些力量的相关措施和政策等，所以针对二级学院的改革很难有实质性的进展。

（二）政治权力与行政权力之间界限缺乏明确的规定

虽然我国的相关教育法律规定了高职院校党委的领导职责和校长的执行权力，但是在实际工作中有时还存在政治权力与行政权力划分不明确的问题，存在党政不分的现象，这主要是由于两者之间没有规定相应的实施细则和具体的法律法规及流程来保证具体实施过程。虽然从理论上看，政治权力与行政权力都在为了高职院校的共同发展而

分工努力，但是在实际工作中，由于缺乏明确的规定，导致两者往往忽略其中的联系，因此容易产生矛盾冲突。同时，我国高职院校的二级教代会缺乏实权。虽然我国的许多高职院校都建立了二级教代会制度，并且从法律法规到制度规范都形成了一系列的规定，在一定程度上发挥了二级教代会的作用；但是在实际运行中，二级教代会在民主监督的力度上尚未发挥应有的作用。其主要原因就是二级教代会缺乏实际的权力，在一些涉及教职工自身利益方面的事务上，二级教代会都只有审议和参与讨论的权力，而没有对应的决策权。另外，高职院校在人员组成、职责规定、选任程序等方面由于缺乏相应的规章制度保障，导致部分应该是教职工参与的事务由行政机关代为决定，民主管理与监督难有成效。

（三）利益调整不适

管理体制改革不可避免地要在整体优化的原则下重新配置学校的办学资源，也自然不可避免地涉及各个二级学院和教职工利益格局的调整。从工资福利变化上看，实施两级管理后，教职工的工资、奖金及各种福利补助总会有一些变化，不同的二级学院、不同专业，相同的二级学院内部都存在一定的差距。如果利益调整不适，人们的积极性就会受到严重的压抑和损害。从组织机构的调整上看，两级管理实施后，对教职工来说是人员的再分工及工作岗位、工作条件的再调整，加上教职工固有的价值观念和习惯的工作方式、生活方式的影响，肯定会有一部分教职工对于新工作岗位不满足、不适应。从有关学校政策和制度制定与执行上看，过去制定的政策要重新修订，改革后势必要统一，可能会使一些部门和人员利益受损，引起部门和教职工之间的矛盾冲突。利益调整的不适必然影响教职工工作积极性的调动与发挥，影响教职工对学校新管理制度和两级管理变革的支持。

（四）传统中专管理模式的影响与制约

高职院校大多数是由中专学校单独升格或通过合并升格而来的。

通常，中专学校的管理模式基本上是实行一级管理，其教学基层机构是教研组，而教研组既对教育管理的要求缺乏理解，也缺乏相应的管理基本规范。中专学校升格为高职院校后，对高职院校应有的管理工作既缺少经验，也缺乏认识。原有的管理惯性和运行模式使高职院校的内部管理在一定程度上存在对原有管理模式的依赖。同时受原有管理模式的影响，部分高职院校不重视院系两级管理体制的建设。改革需要一定的条件，激励措施的实施和激励制度的形成有助于改革体制的形成。如果不重视改革体制的建设，改革将流于形式或流产。高职院校院系两级管理体制的改革有利于高职院校和广大师生的发展。院系两级管理体制改革的体制建设就是要引导广大教职工支持改革、参与改革并在改革中做出贡献，除了全体教职工共享改革成果外，还应及时对贡献突出的个人给予褒奖和激励，以此调动教职工参与治理、参与改革的积极性。

（五）没有将改革目标与二级学院的教学改革联系起来

一些高职院校在改革中只重视高职院校校院两级管理的权限界定与职责划分，没有将教育教学改革的任务与院系两级管理体制的改革紧密结合起来。在改革中，过多地关注权限的划分及人员的安排，很少关注其在教学改革的目标完成情况中的作用。在判断校院两级管理体制改革的成败时，注重判断改革中人、财、物的划分是否合理，而往往忽视了其与教学改革之间的联系。这种做法不仅使高职院校校院两级管理体制改革失去科学评价的依据，而且陷入人、财、物权限难以界定和相互攀比的纠纷和调整中。一些高职院校不敢啃改革的"硬骨头"，认为与校院两级管理体制改革紧密相连的二级学院教学改革是原创性改革，并由此产生畏难情绪和小步求稳甚至安于现状的心理，使二级学院的教学改革没有按规定的内容、时间、路径进行。

第三节 推进高职院校校院两级管理改革的对策

高职教育是改革开放以来在我国迅速发展起来的一种高等教育类型。高职院校只有变革内部管理体制和运行机制,建立与有效实施两级管理体制,转变学校管理职能和角色,下移管理重心,充分调动二级学院办学的创造性和主动性,发挥其在教学、科研、社会服务方面的作用和管理功能,才能真正提升高职院校的管理效能和人才培养质量。

一、在二级学院树立"服务型"行政观念和营造尊重学术的氛围

高职院校要"去行政化",但是不能去行政管理。因为我国高校的社会主义性质,相关行政事务的管理仍需行政组织的领导。高职院校的二级学院作为基层教学科研单位,学术事务更加具体化,这就要求行政组织树立起"服务型"行政观念,行政更好地服务于教学科研事务,保障二级学院积极发挥人才培养、科学研究、文化传承和服务社会的功能。首先,行政人员要尊重学术群体。大学教师、教授学者是二级学院人才培养、科学研究和社会服务的主体,而行政人员作为服务学术事务的工作人员,必须要尊重学术群体,信任他们,尽可能减少大学教师、教授学者的非学术性事务工作量,不要让他们背负太多的行政事务。其次,要了解大学教师、教授学者的需求。知道他们想什么,需要什么,尽可能地满足专业技术人员、专家教授等学者的需求。再次,行政人员要全方面做好服务工作。主动了解教授学者工作的全过程,做好全方位服务工作。树立服务型行政观念不是一朝一夕就能完成的,需要高职院校形成共同的价值追求,也就是为了高职院校长远利益考虑,为师生服务,促进高职院校发展;同时,应制定相应的规章制度,从制度上给予师生保障。坚持从管理向服务转变,

也就是说要求行政人员视服务广大师生为基本宗旨,把教师从繁重的事务中解救出来,给他们营造专心学术、潜心治学的学术氛围。只有坚持"服务型"行政观念,才能有效解决行政权力与学术权力的失衡问题,维护良好的二级学院治理结构。

二、健全二级学院组织,合理构建二级学院治理架构

为了保证二级学院效益最大化,应该保证政治权力、行政权力、学术权力和民主权力的互相合作,二级学院的各利益相关者各尽其职,有机配合,需建立起党组织、行政组织、学术组织和师生代表组织"四位一体"的高职院校二级学院治理架构。

高职院校下放权力的对象是二级学院,不是二级学院领导。二级学院建设并不是一个简单改名的过程,而是一个制度构建的过程。就目前部分高职院校二级学院建设来讲,基本上就是把系改为学院,学院与原来的系在组织结构上没有根本变化,主要的变化只是名称与规模。实行校院两级管理,使学院成为管理的实体,学院自身的组织建设就显得尤为重要,所以,高职院校校院两级管理改革必须要健全二级学院组织。其组织机构一般可以分为决策机构、行政机构和监督机构,二级学院作为学术组织,因其具有特殊性,故其组织建设应相应地分为决策机构、行政机构、学术机构和监督机构四个部分。

(一) 健全决策机构

坚持党委领导下的校长负责制决定了我国高职院校二级学院也必须坚持党委的政治核心领导地位,必须坚持社会主义的高职院校建设方向,也就是说要坚持党委在思想政治、办学方向等宏观方面的领导。二级学院需实行以党的领导为核心的党政联席会议制度,政治核心作用体现在方向的引导、组织的领导和对行政权力的监督上,同时,通过党政联席会议对教职工和学生进行思想政治教育,要保证社会主义的办学方向和人才培养的治理标准。

党政联席会议是高职院校二级学院（部、系）的决策机构，讨论决定本单位改革与发展重要事项。党政联席会议根据议题的情况，由二级学院（部、系）主任（院长）或党（总）支部书记召集并主持。党政联席会议的主要职权是：第一，讨论决定本单位的发展目标、专业建设、科研平台建设、人才队伍建设等规划以及重大改革方案、年度工作计划等；第二，讨论决定本单位教学、科研、专业建设、校企合作等方面的重要事项及相关规章制度；第三，讨论决定本单位人事管理、年度经费预决算、资金使用、收入分配方案、学生就业及学生工作等事项；第四，讨论研究和决定本单位其他重要事项。

（二）坚持院长领导的行政组织在二级学院治理中的行政主体地位

高职院校的二级学院（部、系）主任（院长）是本单位的行政负责人，根据学院的相关规定和授权，主持本单位的教学、科研、行政管理工作，副主任（副院长）协助主任（院长）工作。坚持二级学院院长领导的行政组织的行政主体地位，是指在学校党委领导下，独立处理二级学院的行政事务，提高自身能力，以保证学院的运行和产出。同时，在行政事务中要积极与二级学院（部、系）党（总）支部相互合作，避免党政不分或党政分离，共同为了学院的发展而努力奋斗，这样才有利于高职院校的建设发展。高职院校二级学院院长对外是二级学院的代表，对内负责二级学院行政事宜，必须坚持院长及其管理团队和下属各级行政组织在二级学院的行政主体地位，保证院长行政权力有效发挥，推动二级学院的健康发展。

（三）建立完善学术委员会等学术机构并保障其在二级学院治理中的学术主导权

从校院两级的管理方面来看，高职院校层面的治理更多表现为行政管理，而二级学院层面更多地表现为学术管理，二级学院的管理多与学术活动相关。二级学院作为高职院校最基层的教学科研机构，承担着高职院校的人才培养、科学研究、社会服务、学科建设、学术交流等工作任务，而在实践中，人才培养、科学研究、社会服务等任务主要由科研学术人员承担，因此，代表学术权力的学术委员会等学术组织需要在学术事务上有话语权。要实现中国特色现代大学制度下的二级学院的有效治理，必须坚持教授治学，倡导学术自由。

学术权力具有松散性、民主性和自主性的特征，契合了提高二级学院管理效能的本质要求。在知识型、教学型组织里，学术权力的地位和作用能否得到恰当体现，反映了组织有没有以及能不能回归它的本源。对高职院校而言，推行两级管理，是重视学术权力、正确发挥其作用、限制行政权力膨胀的良好契机；学术权力的有效发挥，也是深化两级管理改革的重要抓手。可以说，不能有效发挥学术权力的作用，就不能实现真正的两级管理。只有激励学术人员创新，鼓励广大教师不断实现自我价值，从而产出更多优秀学术成果和技术服务成果，促进二级学院合理高效运转，才能真正培养出适应区域经济社会发展的高素质人才。

发挥学术权力的作用，首先要摆正学术权力和行政权力的关系。相对于行政权力的"硬"约束，学术权力更强调"软"约束。因此，对于一所高职院校而言，两种权力缺一不可：硬约束形成制度保障，而软约束恰恰是文化的要求和反映。对学院型组织而言，两种权力如果能交互作用，就形成了管理的上下互动、体制与文化的互动、学校与学校环境的互动、"硬"的和"软"的互动。要打造健康有序、生动活泼、内外协调统一的高职院校两级管理模式，就不能偏废任何一种权力的发挥，行政权力和学术权力应互动有序，在推进两级管理的过程中体现出其价值和作用。在学术权力逐步弱化的当下，更应强调学术权力在高职院校发展中的地位和作用。

对高职院校而言，当下的两级管理改革必须重视学术权力的客观存在，认识到行政权力过大或独大的弊端与危害，既要尊重学者的学术专长，发挥学者的积极作用，又要重视组建和规范学术团体的作用；行政权力应在许多领域为学术权力恢复其应有功能让路。为此，学校层面要推动二级学院等二级单位重视学科评议组的作用，在二级单位重要学术事项，如教学改革、学术成果评价等方面要充分发挥专家作用；要实行校、二级学院（部、系）两级学术委员会制度和教学工作委员会制度。二级学院的学术委员会和教学工作委员会主任应尽量由非行政教授担任，成员以二级学院的教授和副教授为主，统筹行使二级学院学术事务的决策、审议、评定、咨询等职权。保障以教授为代表的二级学院学术委员会等学术组织的学术主导权，在二级学院治理中彰显学术权力，真正落实广大教师在学术事务上的决策权。在学校层面，要规范学术委员会的运作，清晰界定学术委员会的职能、作用，划定其边界，学校的管理者要尽可能退出学术委员会，真正实现学术委员会的"自治性"。这样就可逐步避免行政权力对学术权力的替代，恢复学术权力的自主性、民主性和松散性，避免学术权力屈从于甚至依附于行政权力。只有保证学术委员会等机构的"独立性"，才能实现学术权力发挥作用的独立性，从而体现学术权力和行政权力的良性互动，以二级学院为代表的两级管理效能才能得到保证。

要不断完善二级学院的学术组织并保障学术决策权力，二级学院是基层学术单位，从根本上保障教授学者的学术权力需要不断完善学术组织，教授不多的二级学院可以组建教授委员会，为实现行政权力对学术权力的逆向让渡创造良好的基础条件；同时，设立教学、科研、职称等专门委员会。完善学术组织的本质是教授治学，要充分发挥教授学者在二级学院中的重要作用，赋予教授学者参与学术事务的权力与决策的权力，而不是审议权，要摆脱以往学术组织只是一种咨询机构的想法。学术事务的决策权是教授学者能否充分发挥治学功能的关键所在，学术组织的决策权应该做到有法可依，有明确的章程制度规范教授的决策权。首先，明确二级学院学术委员会等学术组织的决策范围。关于决策范围，学术组织拥有的治学决策权包括学院学科发展计划、人才培养方案、师资队伍建设、学术资源配置以及关于学术组织的自身建设等。其次，制定并完善相应的规章制度，规定学术委员会等学术组织的产生与运行机制等。完善学术委员会的选举考核和监督办法，建立健全激励约束机制，提高学术委员会的工作效率。关于学术委员会的机构设置，二级学院学术委员会可下设职称评定委员会、教学指导委员会和学位评定委员会等专门学术机构，各机构在各自负责范围内分工合作，对各学术事务行使决策权，方式为民主协商或民主决策，少数服从多数。学术委员会制度的建立有利于二级学院学术生产力的释放，有利于二级学院人才培养和科学研究功能的发挥，集中各学科教授学者的智慧，调动教授学者参与学术事务的积极性，这有利于二级学院的学术管理和学科建设。

（四）坚持师生代表组织在二级学院治理中的民主参与、监督地位

坚持以教代会、学生会、工代会为代表的师生员工组织在二级学院治理中的民主参与、民主监督地位。《高等教育法》第四十三条规定："高等学校通过以教师为主体的教职工代表大会等组织形式，依法保障教职工参与民主管理和监督，维护教职工合法权益。"高职院校的教职工代表大会是教职工依法行使权利，参与学院民主管理和监督的基本组织形式。凡是关系二级学院发展的重大事项、专业性较强的事项、涉及二级学院重大权益的事项、涉及师生员工重大权益的事项，二级学院应当在决策前征求师生员工意见，根据需要进行决策听证和风险评估，最终由党政联席会议集体讨论决定。只有坚持师生代表领导的教代会在二级学院治理中的民主监督地位，厘清党组织、行政组织、学术委员会和教代会之间的职责范围，做到各司其职、协调发展，才能保证二级学院有效运行。

实行校院两级管理，二级学院的人事和财务等权力大量增加，权力需要监督和约束。条件成熟的高职院校，可以在二级学院成立监督委员会，监督委员会成员主要由非行政领导职务的教师组成，一般是教师代表和一般行政人员代表。主要负责监督二级学院领导是否以权谋私，监督决策是否公平公正。校院两级管理改革的核心是权力下放，其基础在于组织制度的重构。如果在缺乏健全的组织机构的情况下放

权，权力就得不到有效的监督与制衡。因此，高职院校校院二级管理的放权与组织建设应同步进行，只有在坚持有效的权力制衡与监督机制的情况下才能合理放权。

三、调整与重构校院两级治理体制及各自管理职权

二级学院作为高职院校人才培养、科学研究、社会服务和文化传承创新的具体组织实施单位，集中了高职院校的主要学术人员与大量的学术活动，二级学院运行的好坏直接决定着高职院校发展水平的高低，因此要更加注重二级学院的治理结构。国外高职院校基本上形成了校院两级管理相结合的内部治理体制。国外高校是先有学院才有大学，学院作为基层教学、科研机构，具有很大的自治权，一直以来形成的教授治校的治理理念也根深蒂固。同时，为了加强大学地位，实行大学自治，形成了校院两级管理体制，两级管理体制有效合理运作。而我国公立高职院校是国家出资建立的事业单位，权力主要集中在学校这一层级。规范高职院校的大学章程，规定高职院校实行校院两级治理体制，明确高职院校校级层面和二级学院各层级的职责范围，发挥二级学院在人才培养、科学研究、文化传承和社会服务等方面的重要作用，而学校层级发挥统一领导作用，这样分工明确，更有利于二级学院合理规范运作，促进高职院校科学发展，实现高等教育内涵式发展。因此，我国高职院校应该科学地划分校、院权力范围，压实二级学院责任，保障学院权力，特别是简化校部机关机构，转变服务职能，增强服务意识，在二级学院层面，增强办学治理能力。

（一）调整二级学院机构职责与权限

有职无权必然使职责难以履行。为了对二级学院实施有效的管理，必须对权力结构进行科学划分和运用。在高职院校内部权力结构的划分上，根据校院级两级管理的要求，一方面，一级行政部门需要把一些权力集中起来，对学校进行科学定位，确立发展目标和发展途径，

进行集权管理，行使目标制定、监控考核、政策支持、宏观调控、对外联络等宏观管理职能；另一方面，应进行适度的分权，采取集权与分权相结合的方式进行管理，降低管理重心，把专业和课程的调整与设置权、科研项目管理权、教师聘任权、资源分配权、人事权等权力逐步下放给二级学院（部、系），使二级学院（部、系）成为集教学、科研、人事、财务等职能于一身的实体性办学机构，从而承担起专业建设、提高教育质量和社会服务三大职能，突破校级集权的模式，扩大基层自主权，实现学校管理重心与权力导向下移的目标。

高职院校应本着事权相宜和权责一致的原则，在人、财、物等方面规范有序地赋予系二级学院（部、系）相应的管理权力，指导和监督其相对独立地自主运行。可从以下几个方面明确二级学院（部、系）的主要职权：第一，负责本单位教学科研、招生就业、职业培训、师资队伍建设、校企合作等工作，制定本单位事业发展规划，为学院的整体发展规划提供参考，并认真按学院整体规划要求组织实施。第二，组织实施本单位专业建设、师资队伍建设、课程建设、实习实训基地建设及教学活动；负责对教学工作进行常规检查与监控。第三，组织开展科学研究、学术交流、科技开发和社会服务等工作，审查科研及科技开发项目，做好本单位的科研管理工作。第四，负责拟订本单位年度经费预算计划，负责管理好、使用好本单位各项经费；负责本单位资产的管理、使用和维护。第五，根据学院授权，设置内部机构，就本单位人员的聘任与管理提出建议。第六，负责学生思想政治教育及日常管理工作。

（二）优化职能机构职责与权限

高职院校各职能机构应学习和理解前沿的职业教育理念和思想，及时掌握和运用先进的管理技术，不断提高高职教育管理水平和管理效率，为高职院校的决策提供有价值的咨询与建议，保证高职院校宏观调控职能的实现和有效实施高职院校的目标管理；同时，高职院校的职能部门要正确处理与二级学院（部、系）各职能机构的关系，高职院校职能部门主要对二级学院（部、系）及其职能机构起业务指导和协调控制等职能。二级学院（部、系）各职能机构在院（系）的行政领导和校属职能机构的业务指导下进行具体的操作，确保二级学院（部、系）在高职院校总体目标指导下实施过程管理。

(三) 调整校院两级行政人员比例

实行校院两级管理意味着权力下放，部分具体的管理权限下放到二级学院，二级学院成为管理的主体。这必然伴随高职院校管理职能的转变，即由直接管理变为宏观调控管理。以人事管理中人才引进为例，现在大部分高职院校人事管理模式是高职院校决定人才引进，实行校院两级管理则要求人事聘任权下放，高职院校人事部门负责核定学院需要引进人才的数量，制定引进人才的标准，发布人才引进信息；二级学院具体负责人才引进考核与决定。

高职院校校级层面权力的下放，高职院校行政机构职能减少，事务减少，必然要求精简校级行政机构。从整个学校来统筹，行政人员与教学教辅人员应保持一定的比例，实行校院两级管理，二级学院的管理权力和管理事务增加，相应地也要求增加二级学院的行政人员，如果校级行政机构不精简，改革就只可能增加整个学校的行政人员，降低学校办学效率。所以，实行校院两级管理需要对高职院校和二级学院的行政人员编制进行适当的调整，减少校级行政人员配置，增加二级学院行政人员配置，以适应权力下放的需要。

四、建立切实有效的两级管理运行机制

(一) 建立科学的两级管理评价考核机制

校院两级管理模式实施后，高职院校的职能将从直接管理向监督控制转变，工作的重心向目标管理过渡，必须强化过程监督，建立科学的评估考核机制。遵循科学性、客观性、可操作性和发展性原则进

行评价考核制度的建设：第一，建立科学的教学评价体系和制度；第二，建立有效的预算监督体系；第三，建立严格的二级学院领导管理人员任期目标考核体系。考核评价机制应该围绕任职期间的德、能、勤、绩、廉五方面内容进行，关键要建立责、权、利相统一的任期目标责任制度。第四，要建立严格的考核激励机制和追究制度，按系部贡献大小实施奖励，充分调动教学及管理人员工作的积极性和主动性，对于失职、渎职人员要严格追究责任。

要加强对二级学院管理的绩效考核。二级学院的绩效考核应着重于以下几个方面：日常管理、教学管理、实训实习基地建设和维护、专业建设、社会服务能力、教科研项目和成果以及教学改革等。各项指标能量化的要量化，制定考核权重，不能量化的（如教学改革）要给出具体的评价标准，以考核促管理，以管理促发展。绩效考核既要重视微观考核（如具体项目、各个考核期限等），也要重视考核的连贯性、全面性。要设计考核期限、考核频次和考核次数。完成这些工作后，还应及时加以总结，以对二级学院的能力、发展趋势等给出具体评价，实现对二级学院的动态管理。

（二）充分发挥监督机制在高职院校两级管理运行中的积极作用

建构有效的两级管理监督与约束机制关键应从以下几个方面实施：第一，建立和实施多种监督形式。可以采取党内监督、行政监督、教代会监督、民主党派监督、舆论监督等多种形式。要全面推行政务公开、校务公开，建立民主监督机制，并强化财务、审计在管理过程中的监控作用。第二，实施法制约束。以法制化的规则和程序制约权力，健全两级管理制度、实施细则与方案，使管理中的各种权力只能在法律法规和高职院校的规章制度限定的范围、程序、程度上运行。第三，建立权力制衡机制。建立监督机制和评价体系可以使各职能部门不断提高服务意识和管理水平，并根据工作职责充分发挥对二级学院的监督、服务和评价职能，强化过程监管。

(三) 完善二级学院管理制度，确保规范运行

健全工作机制、完善工作制度是成功实施院系两级管理的保证，要制定人事、财务、教学管理、学生管理、科研、校企合作、招生、就业等院系两级管理工作的具体实施办法，确保依法运行。两级管理是一种制度化的管理，高职院校领导如何实现对二级学院的管理，如何协调各职能部门与二级学院的关系，各二级学院如何进行人、财、物的管理主要靠制度；行政权力如何组织和发挥学术权力对学校专业建设的效用，都要制定一套完整的制度。在处理高职院校一级宏观决策与各二级学院的中微观管理的协调统一上，要严格遵守操作规范，对高职院校内部管理的每个环节都有严格的程序和明确的要求，要提高学校内部管理工作的透明度，自觉接受群众和社会监督，要逐步建立和完善高职院校两级管理的各项规章制度，以及与此相关的教育质量检查制度、教学督导与评估制度、学校决策审议制度、奖惩制度、财务审计制度、学术委员会议事制度、教职工代表大会议事制度、专业建设委员会等组织议事制度。只有具备健全的保障制度，才能使两级管理机制得以正常运行，发挥其在高职院校建设和发展中的应有作用。

五、强化目标管理，推进管理重心下移

为给两级管理模式提供保障，必须实施目标管理制度，职能部门和二级学院接受管理，同时，也要求二级学院内部实施目标管理。实行校院两级管理后，学校对系部由直接管理转为间接管理，由过程管理转为目标管理。高职院校要建立详细的目标考核评价体系和监督机制，加强对职能部门和二级学院的工作全程监督，年终考核结果与经济利益挂钩。二级学院可在人才培养目标、教学质量、学生管理、教师队伍建设、课程建设、实训基地建设等方面制定分项目标，并定期检查和考核，以确保目标的完成。

在校院两级管理体制改革的实践中，制定科学合理的目标体系是关键。既要正确处理改革、发展与稳定的关系，又要注重把握数量、质量、结构与效益的辩证关系，还要充分考虑不同二级学院、学科之间的差异性和特殊性，这样才能保证高职院校内部管理体制改革的方向、广度、深度和进度。因此，高职院校在制定目标体系时，应开展广泛的调研和讨论，本着民主集中、实事求是、充分酝酿的精神，边实施边改进，最终给出能使广大教职工广泛接受的目标体系。

高职院校实施校院两级管理的目标管理，就是要不断提高管理效率，充分调动教职工（尤其是二级学院教职工）的办学积极性，提高学校的教育质量。按照"宏观调控管理，微观放开搞活"的原则，明确校院两级管理职责。同时，二级学院对下属单位，除教学事务等必须进行过程管理外，绝大部分事务也要实施目标管理，不要"一竿子插到底"，或仅走形式。唯有如此，处于最基层的广大师生的责任心、进取心才有可能被激发出来，高职院校的向心力、凝聚力才会不断增强。

建立高职院校校院两级管理体制的根本目的就是加强宏观调控，精简一级机构，突出教学工作这一中心地位，将管理重心下移至各二级学院，切实提高教学管理水平，推进产、学、研一体化，使二级学院真正成为办学实体，提高办学效率。因此，必须依据高职院校现实规模和规划规模，合理配置资源，下移管理重心，明晰管理层次。在校院两级管理实施过程中，要推进高职院校职能部门将主要精力放到制定规章制度、履行管理和服务职能上，高职院校层面的职能应更多地体现在制定目标、监控考核、研究政策、宏观调控及对外联络上，这样有利于高职院校集中精力研究市场讯息，把握全局方向。高职院校简政放权后，其主要职责及权限要转向指导、协调、监督和服务等方面，对二级学院主要实行宏观管理与调控。学校特别要加强对二级学院工作目标完成情况的检查、督促和考核。制定目标责任制考核实施细则，由目标责任制工作小组和相关职能部门，根据各单位完成《工作目标责任书》中规定的工作数量和质量，进行全面、认真、细致的年度工作考核。年度工作考核结果作为资源配置和二级学院管理者晋升晋级的重要依据。另外，二级学院在确立办学实体的主导地位后，依据高职院校所赋予的办学与管理自主权，在高职院校的统一领导下实施过程管理，在教育教学资源配置、学生管理、专业建设与课程设置、教学科研、财务管理、就业服务、社会服务等方面享有较大决策权与自主权，从而能够迅速捕捉市场信息，及时根据社会经济发展的需求，积极进行专业调整、教学与管理的改革，培养社会急需的专业技能人才。

六、加强管理团队建设

管理是否有效，不总是凭借个人和核心人物的力量，更多情况下需依赖于团队的能力和作用，依赖于团队的互动和协调。因此，高职院校推行两级管理必须重视管理团队的建设。若要推进校院两级管理改革，提高二级学院的治理能力，从管理团队建设的角度来看应从如下几个方面入手：

（一）加强管理岗位的分析

恰如其分地对每个岗位进行设计，科学界定其权利、责任，使责、权、利相匹配。岗位分析的依据，主要以学校层面目标和二级单位目标为依据，坚持目标导向，同时要兼顾普遍性与特殊性相结合的原则，即选定特定人选后，根据具体对象，在不降低责任要求和不提高"利"的前提下，赋予特定人特殊的岗位责任，以利于人尽其才。岗位分析应尽可能量化，指标体系要协调，以利于管理岗位人员的选拔和考核。要通过管理岗位的分析和描述，明确岗位能力、素质和知识要求，尤其对二级教学部门的管理者资格，应从严要求、就高设计，保证优秀的管理人才从事二级岗位管理工作。管理岗位分析的另一个作用，是要避免岗位设置的随意性，岗位既定，就不应随意变更。

（二）打造学习型管理团队

高职院校是创造知识、传播知识的场所，管理团队一定要适应这样的要求，不仅要加强个人的学习与修养，更需要加强学习型团队建设，引领学校的知识创造和知识传播。学习型管理团队建设应优先于教师队伍的建设，它同样不应成为企业专利，而应成为高职院校的自觉追求。为此，可选择以人事管理部门为主，设计专门的推进学习型团队建设的机构，全面负责该项工作。打造学习型管理团队可着眼于如下内容：管理能力的提升、心智模式的更新、学院发展关键性问题的思考、全局意识的训练，等等。要通过长期、系统和规范化的学习型管理团队的训练与建设，提高团队成员的学习精神、大局意识、职业归属感、环境适应性、管理能力和创新力，实现自我超越，自觉服从和服务于学院愿景。

（三）正确看待管理团队冲突

两级管理以分权为特征，随着管理重心的下移，必然带来管理团队内部的权力再分配和利益再分配，加之对组织目标的理解和个人理念等方面的原因，管理团队冲突在所难免。要正确看待与处理管理团队冲突，一定的冲突是组织活力的来源之一；同时，一定要防止有害的管理团队冲突。形成团结奋进、积极向上的管理团队是提高二级学院治理能力的重要条件。

第七章　强化教师参与高职院校内部治理

教育治理体系和治理能力现代化建设对高院校治理提出了更高的要求。完善学校治理结构、提高学校治理能力，需要确立教师在学校治理中的主体地位，发挥教师在学校治理中的"权力分享""权力监督""责任共担"作用，这是时代使命，更是实践所需。

高职院校作为典型利益相关者组织，其决策应该综合权衡及兼顾各相关主体的利益，能否有效处理与利益相关者的合作关系直接决定了高职院校能否生存和发展，治理能力、服务水平等和利益相关者存在密切利益关系。教师作为高职院校生存和发展的核心资源，既是高职院校人力资源的提供者，也是高职院校风险的直接承担者，是核心利益相关者之一，理应参与到内部治理决策和活动中。教师积极参与高职院校治理是进行决策监督的有效途径，能促使决策主体从单一到多元，多元参与主体结构可以有效避免少数人决定多数人的利益。此外，教师参与高职院校治理有利于促进决策理性化。理性决策需要收集足够的信息并听取各方意见，民主是决策过程的核心。在民主参与体制下，各种利益诉求可以在决策过程中提出，各种决策信息享有平等的被纳入最终决策的机会，利益相关者可以在互动博弈中缩小分歧，直至达成共识；从而不断提高治理的民主化、科学化与合理化水平，达到善治的目的。

第一节 教师参与高职院校内部治理的现实内涵及价值

一、教师参与高职院校内部治理的内涵界定

教师究竟应不应该参与高职院校的内部治理，高职院校应不应该实行民主管理，在一个越来越强调社会与组织内部权利平等的时代，这早已是一个不容置疑的议题。但是，参与什么、怎么参与、参与程度以及参与权力该如何界定和通过怎样的制度安排来实现，并非一个容易回答和解决的问题。传统的学术权力与行政权力简单二分的思维逻辑与分析框架，不仅在经验层面上难以厘清高职院校内部事务间的复杂关联，而且在理论层面不能为高职院校内部治理结构框架提供可靠的依据。基于高职院校作为一个存在较为复杂分工与分化结构、专业与科层属性兼具的组织定位，教师参与高职院校的内部治理可从如下几个方面界定：

（一）教师参与治理不是参与管理

教师参与高职院校治理不是参与管理，治理是更多涉及决策过程而不是具体事务的管理过程，前者体现为决策过程中不同主体介入或互动方式及其机制，而后者则是严格遵从既有的规章与程序来执行政策。因此，管理不存在参与的问题，它本身是管理与行政人员的分内事务，一般与教师关联不大，教师只对行政管理过程与行为具有监督与评价的权力。譬如财务管理人员，其角色仅仅是财务政策与制度的执行者而不是决策者，是专业化管理的主体，而不是治理的主体。至于高职院校中的"双肩挑"性质的管理者（如院系负责人、职能部门负责人乃至学校领导），其身份与角色应因事项不同而异。

（二）教师参与治理不意味着教师能够主导决策过程

高职院校内部决策过程的主体主要为管理者与教师两大群体，在西方高校中尽管学生及其他工作人员也有参与的权力，但影响力极小。由于不同事项所需要的专业能力与投入精力存在差异，教师在参与决策过程中所具有的地位与作用也有所不同。美国大学教授协会曾对全美高校教师参与治理情况做了调查，根据参与过程中教师的地位与作用，将其划分为程度不同的五类：第一，权力由教师主导并做出决定；第二，教师与行政机构联合行动；第三，行政机构主导但会与教师协商；第四，行政机构主导但会听取教师意见；第五，没有教师参与。调查结果表明，美国高职院校主要由教师主导的事项包括课程内容、学位要求与水准的设置、高职院校层面委员会与评议会成员推选；而由行政部门主导的则包括：预算与规划、教师薪资与定级、院系领导聘任、教学工作量设定、建筑工程建设与设备购置、各学科教师相对规模的确定，而余下其他方面如教师聘任、职位晋升、学位种类开设、校园中与教师参与权力相关的政策制定等，则可理解为教师与行政共同参与，彼此保持相对平衡。

当然，不能以美国高校教师调查结论作为我国高校教师参与高校内部治理应然意义上的原则与依据，但至少在经验与事实层面上，它反映了因为事项性质差异对教师参与内部治理的资质与能力要求是不同的，以及教师参与所具有的限度与程度也有区别。总之，教师参与治理并非凡事由教师主导决策，而是与行政乃至其他群体形成一种灵活的、程度不一的合作共商机制。

（三）教师参与治理不意味着人人都有同等的权力与机会

教师参与治理的形式取决于事项与议题关联群体的规模，通常，在二级学院层面，大部分事项都关系到自身以及群体利益，故以全员参与和会商的方式议定和解决为宜；在高职院校层次，因为组织规模扩大且存在学科与组织分化，采纳委员会制与代表制是较为通行且合理的形式。委员会制与代表制因事项性质不同而设置，譬如涉及财政预算、教师聘任等重大事项，相对而言，更偏重于参与者的专业资质与能力，因此更适合于通过各种正式或临时组建的委员会组织来运作；而如津贴分配、后勤保障、子女教育、交通工具、校园安全等涉及每个教师利益的事项，则更适合代表制。

通常，委员会制与代表制在成员的推荐与选拔上有一定的差异，作为共同利益的代表一般是由部门全体教师以直接民主推选的方式产生，而委员会成员，如学术委员会（学术评议会）等，更强调专业资质、能力、水平与影响力，一般由行政部门通过特殊的程序提名选拔生成。因此，在一定程度上委员会制度具有精英民主特征。相对于普通教师而言，一个具有更广泛影响的学者往往更关注外部学术共同体的标准，以此来作为决策的依据，这种方式有利于扩大机构的影响力；而普通教师有时带有本位主义思想，不利于高职院校办学地位的提升。因此，所谓教师参与高职院校治理，不意味着人人都有同等的权力与机会。由于事项性质不同，不同教师所具有的权力和影响力也存在一定的差异。

（四）教师参与高职院校治理存在狭义与广义之分

高职院校内部大部分事项几乎都会与教师存在直接或间接的关联，但由于岗位性质与时间精力等方面的限制，教师并非所有事项都要介入。大体上，涉及教师工作核心价值或切身利益的事项，往往都需要通过建立正式组织为教师提供参与或介入决策过程的机会，如各类委员会、教代会和各种临时工作小组等，即狭义上的教师参与治理。然而，更多的事项虽然没有正式组织渠道，其决策过程也同样需要给予教师知情权与话语权。有学者研究认为，高校的参与治理大概存在四种模式：第一，法定模式，教师通过如学术评议会这样的正式组织来参与；第二，象征模式，不强调正式的规则与结构，而是通过文化意义的互动达成对实践中规则的理解；第三，协商模式，广泛吸纳教师参与决策过程的讨论；第四，沟通模式，不如以投票这种模式正式，而是以非正式沟通和互动方式达成理念上的共识。显然，在这四种模式中，除法定模式外，都是广义的教师参与治理形式。

在现今信息技术环境下，一般相关政策与方案出台前，会以各种技术手段与教师事先展开交流互动并征求意见，这种做法不仅便利而且极为经济和快捷。因为事项的琐碎以及利益关注点不同，很多教师或无暇或无心对每个事项都予以关注和反馈，但是，哪怕只是少数活跃人群的意见反馈都有助于政策和方案的完善与实施过程的顺畅。只有交流与互动才能强化教师与行政管理部门间的互信机制，消除彼此的误会，让教师具有尊严感与对组织的归属感。

二、教师参与高职院校内部治理的关键要素分析

（一）合理定位和确定角色

在传统的高职院校管理中，政府和高职院校领导层的主要定位和角色作用是指挥和控制；在协同治理过程中，治理主体多元化，强调各主体的贡献与协作。尽管组织必须有核心力量，政府与高职院校领导层在协同治理中仍然发挥核心作用，但其角色从主要管理者调整为主要引导者。其职能主要集中于人力资源调配、财政资源分配、目标的统筹规划、规则的制定、信息的制作、合作及共识的促进等，突出体现对创新思维的包容度。

为解决目前我国高职院校内部治理中学术权力与行政权力失衡的问题，提高学术权力的地位和话语权，应坚持我国现代大学制度应有的价值取向，确立教师的治理主体地位，重塑现代大学理念，以学术权力为主导，实行民主治理和教授治校。教师是高职院校最核心的人力资源，是高职院校内部治理的重要力量。教师是一切教育活动的主体，是教育理念的落实者、教育改革的推进者。高职院校的发展归根到底要依赖于教师的个人发展，高职院校改革的成败归根到底取决于教师接受、配合和落实程度的高低。教师以主人翁的姿态在高职院校

协同治理中发挥作用具有深刻的价值,可以使各项决策更科学、合理,实现教师与高职院校、高职院校与社会之间的良性互动。

(二) 思想共识

陆韵(2018年)研究认为,思想共识即高职院校内部复杂利益相关者的共识,它是提高民主决策水平、促进有效治理的前提。教师与高职院校之间是相辅相成的利益共同体关系。高职院校是教师个人发展的强劲后盾,高职院校提供的学术条件和学术氛围决定了教师学术职业发展的硬条件和软条件,高职院校所处的学术地位和社会影响力在一定程度上决定了教师的身份地位。无数教师个人发展的合力也决定了高职院校的办学实力和影响力。教师参与高职院校治理的领域不能仅在住房、工资待遇、个人发展、考核晋升、教学管理等与教师利益切身相关的领域,学校的短期或长期发展规划、基础设施建设、后勤保障等同样需要教师的广泛参与。教师参与的目的动机不应是个人获得相关利益,而应是学术自由、大学自治、促进学校发展。思想的共识包括相互信任、共同目标、利益平衡。规则和目标应根据实际情况不断进行适当调整,尽管不同利益群体诉求不同,但资源相互依赖,应在保证治理主体广泛、充分、多元的前提下,不断寻找治理主体之间的平衡点,保障各层次教师共同参与协商、话语权平等、表达真实意愿,从而达成思想共识,实现有效治理。

(三) 科学合理的制度保障

教师参与高职院校治理是高职院校获取公众信任、提高合法性、获取社会资源的有效方式,有效参与可带来最有效的解决方案。管理层需主动放弃独自决策的权力并授权其他协同方对决策施加重大影响,与教职工保持信息共享、开放沟通,使每个利益团体、参与方都为最终目标的达成贡献智慧。教师参与决策过程应该有可持续性的制度保障,明确界定各参与方的职责界限,赋予教师真正意义上的话语权。魏叶美(2018年)研究认为,信息公开、协商民主、意见反馈和参与激励是协同治理的四大机制，它们为教师参与提供了可能性、可行性和动力源泉，是促进教师参与的基本制度逻辑。因此，教师参与高职院校治理的责任内容、权力范围、反馈机制、个人发展等都应有相关政策规定与制度支持，使教师参与治理的责、权、利明晰化。政策规定应围绕并依据教师的不同专业领域，灵活安排参与主体，高效发挥教师智力资源作用，激发教师的权责意识和参与兴趣。教师参与高职院校治理除了制度保障外，还须有激励反馈措施，对提供有效建议者应提供额外激励，高职院校需完善奖励机制，关注教师参与决策的行为表现，避免利益分配的延时性和均等化，对决策中起关键作用的教师及时给予公正合理的报偿。另外，在财力资源支持、人力资源支持、信息资源支持、时间资源支持等方面提供制度保障措施也是十分必要的。

三、教师参与高职院校内部治理的主要价值

作为高职院校实施民主管理、提升治理能力的重要举措，教师参与高职院校治理与决策是推动高职院校健康和谐发展的重要内生力。教师参与治理的活动对于提高高职院校管理决策力、提升决策执行力、增强组织凝聚力、激发教师创造力、涵养民主精神力等都有着积极的、创造性的功用与价值。

（一）提升决策执行力

高职院校决策执行力可以被简约地理解为高职院校执行已确定的各项管理决策的能力。对于高职院校来说，制定理性的决策方案不是决策的最终目的。提升决策执行力、顺利执行决策方案、最终实现决策目标才是高职院校进行决策活动的初衷。决策方案的顺利执行是决策活动富有成效的关键。在高职院校中，教师参与决策过程是提升决策执行力、顺利实施决策方案的根本保证。因为教师参与高职院校决策是促使其形成认同管理决策的情感与心理的有效路

径。教师认同管理决策的情感与心理是提升高职院校决策执行力的关键因素。

传统的"管理者做出决定、教师遵照执行"的高职院校决策执行模式之所以在现实中不断受到挑战，其深层原因在于管理决策的做出缺乏基于教师立场的意见，不能很好地形成教师认同管理决策的情感与心理。教师如果直接参与决策过程，充分发表自己的意见和建议并受到决策者的重视，就会对决策方案倍感亲切并形成高度的决策认同感，进而在执行中努力遵循决策方案的要求，积极创造条件以充分实现决策目标。方案能否有效地执行取决于其能否被理解和接受。从实践方面来看，人们总是乐于接受自己做出的决策。教师参与决策无疑会提高其对决策方案的理解和接受程度，消解对立情绪。

教师合理地参与高职院校的治理，不同的主张和意见可以得到充分表达，各种利益要求能够得到综合考虑与平衡，不满因广泛的参与而得到消除，争执与冲突通过心平气和的对话得以化解。这就极大地降低了教师对管理决策的事后怀疑与抗议的危险性，尽可能地避免决策者与教师之间因不当决策而可能引发的争议，这样不仅增强了教师对管理决策的公正合理性的信心，也提升了高职院校决策的执行力和决策权运作的实际效能。

（二）增强组织凝聚力

高职院校组织凝聚力，即高职院校内部形成了为大多数成员所认可的正确的价值观念，领导、教师与行政人员都具有较强的归属感，能够真正把自己当作学校的一员，自觉地实现与学校发展战略和决策目标的心理协同。高职院校组织凝聚力反映的是其内部关系的协调状况，即组织成员之间的团结情况，它是高职院校运行和发展的基础。内部关系协调、成员团结一致是推动和实现高职院校持续、健康发展的重要内生力。教师参与高职院校治理对于优化高职院校群体氛围、增强组织凝聚力和向心力的作用主要表现在两方面。

首先，教师参与高职院校治理有利于改善学校领导与教师之间的关系以及增进干群间的融洽与和谐。如果高职院校尊重教师的决策参与权，切实保障教师对高职院校决策工作的真正参与，那么就要保证领导与教师共同参与高职院校决策、共同为高职院校的发展献计献策。民主合作型的干群关系亦可能由此生成。教师参与决策为交换思想和信息，特别是为"自下而上"的信息流通提供了新的渠道，有助于消除干群之间的隔阂和矛盾；通过参与决策与管理，相互沟通思想，交换意见，不仅能增进彼此的了解，还能增强协调能力，从而营造出谅解、相互支持、配合默契的心理氛围。这特别有利于改善高职院校领导与教师的关系。

其次，教师参与高职院校治理还可以促进学校普通成员间的沟通与合作，优化组织的力量，构建良性发展的组织文化，以增强高职院校的凝聚力。教师参与决策为教师之间、教师与行政人员之间创造了大量交流与分享信息的机会。可以通过对话与沟通达成比较深刻的共同见解、协调一致的决策目标，并由此产生高度认同的决策方案，这无疑会减少高职院校的内耗。有助于创建信息通畅、心情舒畅、作风民主、和谐融洽的人际环境，优化高职院校的组织氛围，增强高职院校的凝聚力和向心力。从长远来看，它能促进人际关系的和谐发展以及民主合作的校园文化的形成。

（三）激发教师创造力

国家创新发展的基础在于创新人才。创新人才的培养在于创新教育，创新教育的实施有赖于创造型教师。高职院校作为培养经济社会建设第一线创新人才的摇篮和基地，教育创新重任在肩，创新教育亟待深入，教师创造力的开发迫在眉睫。事实上，作为高职院校主体的教师，其创造意识的萌生与创造力的不断激发是高职院校顺利完成培养各类创新人才这一历史使命的内在动力源泉。

在教育管理的实践中，高职院校开发教师创造力的管理运行模式是多元化的，其中吸收教师参与学校管理决策是激发教师创造力的有效路径之一,这是因为高职院校管理的民主化程度与教师创造力的开发密切相关,民主化程度越高往往越有利于开发教师的创造力。在高职院校的决策过程中,如果以适当的方式吸收教师参与决策,对教师将是一种高度的精神激励,能有效张扬教师的主体精神,促使教师归属的需要、尊重的需要尤其是自我实现的需要得到相当程度的满足。自我实现的本质特征是潜力与创造力的发挥,自我实现需要的满足能产生创造的动机,激发教师的工作热情,提高教师的工作积极性和创造性,最大限度地发挥教师的潜能和才智。让教师参与高职院校治理,表明高职院校真正把教师当作掌握自己专业业务的工作者来看待。它向教师、家长和其他成员表示教师作为专业人士是值得尊重和重视的,这将增强教师的职业感和责任感,激发教师的创造力和工作激情,从而与时俱进地推动教学改革进程,提升高职院校的育人质量与治理效能。

(四) 涵养民主精神力

公民对各种社会公共事务的主动参与被认为是时代发展的必然。高职院校是社会有机体的组成部分,其组织成员对学校公共管理事务的参与是学校民主管理、有效治理的应有之义,是高校理性精神中所应倡导和培育的民主精神的重要体现。

作为高职院校管理过程中重要的民主实践之一,教师参与高职院校治理有利于学校民主精神力的涵养与提升。所谓高职院校的民主精神力,可以被理解为高职院校在长期的民主办学过程中积淀而成的、潜藏于高职院校之内并引导着广大师生认可与接受民主的价值观念、办学理念及行为规则的一种浓烈持久的精神氛围。高职院校民主精神力的涵养与提升对于培育教师与学生的民主意识和民主习惯是颇有裨益的。学校促进人的发展,既包括学生,也包括教师。不仅要育学生,还要以育教师为目标。构建教师参与决策的学校组织文化,让共同的价值观、精神和规范弥漫在学校各个方面,可充分发挥其潜移默化的陶冶教育功能,有效地促进师生员工的健康发展,实现高职院校组织目标。在教师共同参与高职院校的过程中，高职院校领导、教师及其他高职院校组织成员的民主信念会逐步得到加强，这对于整个高职院校民主气氛的形成与民主精神力的涵养有直接促进作用。同时，如果在高职院校治理过程中教师的民主参与权利得到了尊重和实现，他们在对学生进行教育教学和管理的过程中，也往往会发扬民主精神和民主作风。组织和动员学生积极地参与教育教学及管理过程可以使学生获得学习民主、实践民主的机会，为学生理解民主精神、把握民主精髓提供富有现实意义的生动范例，更为学生形成民主意识、培植民主习惯创造了极为有利的条件。高职院校应当充分认识到教师参与学校治理在实现高校管理民主化、涵养高校民主精神力、培育教师和学生民主意识及民主习惯等方面所具有的重要价值意义。所以，要努力创设各种有效路径和条件让教师能够实实在在地参与高职院校的治理实践。

第二节　教师参与高职院校内部治理存在的问题及成因分析

一、当前教师参与高职院校内部治理存在的主要问题

（一）部分教师管理能力不足且缺乏主动性

教师要有效参与高职院校治理除了应该具有参与高职院校管理的意识之外，还应注重个人管理能力、职业素养的提升，这直接影响着高职院校整体的管理水平与治理能力。如果教师参与决策但能力明显不足，无疑会让其在参与决策、参与治理的具体实践中面临困境与挑战，也会影响其以后参与的积极性。因此，高职院校教师参与学校管理的一个重要条件就是要具备参与高职院校管理的知识与能力。然而，

部分教师存在自身管理能力不足的问题。

一些教师不愿意参与高职院校治理的客观原因在于这不是传统意义上的教师"分内"之事，同时，参与治理会加重工作负担。一些高职院校教师对于参与高职院校事务管理认识不够，意识不强，积极性不高，对自身角色的认知出现了偏差。在传统的教育观念里，教师的职责就是"传道授业、答疑解惑"，至于高职院校管理，那是管理人员的事情，教师只要做好自己本职的教学工作就够了。在相同的工作环境下，教师参与的意愿也有差异，有的觉得参与不够，有的觉得参与太多，也有的觉得正好。参与学校治理的普通教师的数量及参与次数较少，大多数仍是动员性参与，主动性参与较少。随着高职院校自身发展和教师素质的普遍提高，不可否认，教师主动性参与的水平也有很大的提高。但是，不排除少数教师参与学校治理是为了维护自身利益。教师的实际参与度和期望参与度还存在较大差距。制度漏洞越大，权力越不对等；职位越高者，权力越大。参与主体即使主动参与，权力也相对有限，难以改变决策结果。

（二）民主权力缺失且参与主体权力不对等

高职院校制度发展滞后严重影响参与主体的权力的实现。一些高职院校在决策体制上民主权力缺失，决策权高度集中于党委，同时，由于监督不足，教师在决策过程中的参与程度不足，其他的内部利益相关者很难参与其中，更别说是外部利益相关者。虽然设立了学术委员会，但由于行政权力过于集中，导致学术组织效能发挥受限。高职院校内部学术组织和运行机制作用的发挥受限，基层组织缺乏自主权。各委员会以及治理机构成员的代表性不够。各高校广泛运行的教代会，也仅限于议事机构，而非做决定的权力机构。学术委员会等机构行使权力时，有时也有行政权力的延伸。当前，大部分高职院校内部实行的是"直线制"的科层体制，其存在以下弊端：第一，学校领导层面陷于繁重的行政事务中，难有精力考虑和谋划长远的发展事项；第二，二级学院权小责大，难以发挥治理的主体性功能，缺乏参与的主动性；

第三，行政与党委两者职能有时存在交叉；第四，在实际运行中，教代会对重大决策及内部治理事务监督不足。

（三）教师民主参与高职院校治理的渠道不畅通

部分高职院校在教师民主参与学校治理方面，上下沟通渠道不畅，一些高职院校虽然通过建立教职工代表大会制度、设立院长信箱等形式供教师参与治理，但发挥的作用有待加强。另外，一些高职院校现有的组织资源没有充分利用，有益的教师非正式组织资源未得到充分发掘，这也是目前高职院校在教师参与学校治理方面存在的困境。

（四）部分高职院校教授治学未落实

推进高职院校实行民主决策的关键在于探索有效的教授治学形式，学术人员治学渠道受阻，是教授治学制度难以实施的一大问题。"教授治学"不仅包括教授在自身学术领域的研究，还包括他们对学术活动和学风的决策与建设。部分高职院校内部的权力配置仍存在着官本位及行政化的现象，教授治校举措没有真正落到实处，同时，对于高职院校"教授治校"还是"教授治学"也存在诸多争议，其行政权力和学术权力冲突一直都存在，共同治理可以促使这两种权力达到平衡、形成合力，如果高职院校学术权力缺失，将会导致其应有的功能与作用难以发挥。一些高职院校虽然建立了学术委员会、职称评定委员会以及教职工代表大会等组织，但组织间分散，广大教职工不能通过这些机构充分表达自己的诉求、有效参与学校的治理。由于高职院校办学历史相对较短，学术权力处于弱势地位，学术委员会成员大多由党政管理人员组成，代表的多数是行政人员的意志，有时不能真正代表教师的利益诉求。

（五）行政权力与学术权力有时存在失衡

我国高职院校行政化包括政府行政权力的泛化直接作用于高职院校，各高职院校均有一套规范的行政化运行模式，导致高职院校级别行政化、管理行政化，部分高职院校内部行政权力泛化，导致学术权力不能彰显。行政泛化与高职院校本身的性质、功能和特点相悖，制约高职院校发展，是对现代大学制度理解的错位。如果高职院校内部的治理行政泛化，学术权力就会萎缩，行政权力容易膨胀，导致权力失衡。学术自由不能有效发挥，学者的主动性、创造性受限。行政权力过多地参与学术管理，使学术权力在高职院校治理过程中没有充分发挥作用，只有深化教育管理体制改革，同时厘清行政与学术权力边界，才能使高职院校回归其应有的品质。

（六）与社会力量缺乏良性互动且监管不足

高职院校的发展与地方经济、社会发展联系更为紧密，高职院校办学效益依靠当地社会力量的协助和参与。我国相当一部分高职院校同地方社会间的关系处于松散的联系状态，没能同社会力量建立起良好的沟通、互动机制；校内的议事机构与办事程序，不能有效地对高职院校层面的决策工作进行监督。教职工代表大会制度在施行过程中存在高职院校领导认识弱化、群众参与意识淡薄、工会自身工作薄弱等诸多问题。一些高职院校教代会流于形式，教代会制度的权力边界被向内压缩，发挥的作用有限。

二、教师参与高职院校内部治理存在问题的原因分析

（一）观念因素的制约

教师自身以及高职院校行政管理人员在教师参与治理问题上都存在观念误区，这些错误观念成为教师参与高职院校治理的障碍。我国高职院校长期处在内部行政权力占主导地位的环境下，部分教师对参与高职院校治理的意识不强，认为只要做好本职工作就行，这便助长了行政权力主导高校内部事务的风气。当教师不愿意参与高职院校或校内行政决策时，行政人员便取而代之，这加剧了教师权力的弱化。

同时，部分担任行政职务的"双肩挑"教师，在参与管理决策时忽略了自己的教师身份，放弃了对教师权力的捍卫。

公办高职院校实行党委领导下的校长负责制，校长对教师参与的态度、意识直接影响了教师的参与积极性。虽然教师地位越来越受到重视，但是部分校长仍在事务决定权中占据强势地位，现实中主要存在以下问题：部分校长对于教师参与高职院校治理的意识不强、认识不到位、重视程度不够，认为教师只要专注于教学科研即可，没有必要参与学校决策，没有认识到教师参与治理带来的诸多好处。即使行政人员认可教师有参与管理权力，但是受行政占主导的观念影响，他们大多不愿意放权，认为高校管理决策权在他们手中，只有在涉及教学和学生管理事务时才会征求部分教师的意见，希望在做决策时教师只发挥咨询建议的作用。近年来，我国实行教育体制改革，国家高度重视学术力量的回归，积极推进教育领域的治理体系和治理能力现代化建设，教师参与高职院校治理也提上日程，但受部分行政人员强势理念的影响，教师在参与高职院校治理时常面临执行难、落实不到位等问题。

（二）权力结构的失衡

对于高职院校的权力结构，不可避免地会提到高校的"泛行政化"现象。这个现象曾引起高等教育界和社会人士的广泛关注。高职院校的行政化问题在一定程度上阻碍了现代大学制度的建立，各界学者也一直在讨论如何"去行政化"。行政权力的泛化表现在以下几个方面：第一，部分高职院校行政人员的数量日益增加，成为学校各项资源的控制者；第二，行政权力对学术事务干预，导致学术权力不能有效实现；第三，少数高职院校的行政权力阻碍民主力量的发展和壮大，打击了教师群体参与高职院校治理的热情，民主能力受限。可以看出，行政权力的泛化使权力主体的权责边界模糊不清，削弱了主体工作的积极性，降低了工作效率，同时，在一定程度上影响高职院校基本社会功能的实现。

虽然已经建立了各种学术组织，但是一些高职院校的学术组织依然是在行政权力的领导和控制下开展工作，行政权力与学术权力之间不平衡的情况依然存在，高职院校的相关制度不健全无法有效保障学术自由，学术力量得不到真正发挥，这不仅影响高职院校的学术进步和发展，也不利于高职院校治理目标的顺利实现。

（三）参与制度缺失

部分高职院校的教职工代表大会制度很多细节规定还需进一步完善，包括选举制度、提案制度、规章制度等，教职工代表大会、学术委员会、教学工作委员会等被视为无足轻重的机构，大部分代表和委员拥有一定的行政职务，行政化现象严重。

近年来，大多数高职院校为了完善学院的治理结构、规范办学行为，根据《高等教育法》《职业教育法》等法律，制定了学院章程，但一些高职院校的章程缺乏实际操作性，特别缺乏支持教师参与学院治理的具体条款，导致教师主体的职责不明确，影响教师参与治理的效果。部分高职院校党委领导下的校长负责制的具体实施细则没有得到完善，党委和校长的职责界定不够清晰，校长依法独立行使权力缺乏制度性、规范性和可操作性。一些高职院校制定的内部治理规则，从制度上加强了党政权力，削弱了学术权力，内部运作设计以行政程序为主线，治理模式行政化。教师参与高职院校治理缺乏有效的制度支持，有关参与的方式和途径规范不够具体，各相关利益主体之间的责、权、利关系也未能在制度框架下得到明确，使教师参与高职院校的治理缺乏制度支持。有些高职院校的教师参与内部治理是在制度缺失的状态下进行的，不可避免地呈现出无序性。若要保证教师有序、良性地参与高职院校的治理，必须制定与完善具体的、可操作的且有强制力量保证实施的一系列制度。

（四）内部组织封闭

由于我国的高职院校发展时间短，且大多由中专学校升格而来，内部治理方式难免会遗留之前的管理模式，导致部分高职院校的内部治理结构还存在封闭性、高职院校治理体系相对落后，主要表现为办学体制机制落后、治理主体的自治程度偏低、教师参与治理的渠道不畅、治理群体间的关系不协调、治理机制尚未完全确立、教师等利益主体共同参与治理机制受到限制。随着时代的发展，社会对教师职业教育教学的能力与参与学校治理的能力也有了更高的标准。在多元化人才培养需求和产业发展变化下，高职院校治理能力显现出不足，特别是传统的内部组织机构与内部治理制度还不能适应协同治理、科学治理及整体治理能力提升等方面的要求。

第三节　有效促进教师参与高职院校内部治理

一、国外教师参与高职院校内部治理实践概述

（一）教师参与治理的体系完善且职责分明

发达国家的职业教育发展迅速，其高职院校教师参与治理的方式及机制对我国高职院校内部治理有着重要的参考意义。陆启光（2016年）认为，德国高职院校的内部治理结构分为重大事务决策层、行政事务执行层、教学及研究事务实施层，三个层次都由多个委员会或职能部门组成。陈本敬（2016年）认为，董事会作为德国高职院校的最高权力机构负责财务、校务的管理及校长的选任，在行政事务执行层方面，德国的应用技术大学成立"校长委员会"，负责学校运行。

澳大利亚高职院校均设置了理事会、公众决策委员会和调解委员会等对学校进行管理，有利于教师参与学校治理。美国高职院校将治理权力划分为决策权、行政权、学术权三个部分，并建立相应机构来行使三方面权力，董事会作为最高决策者，把握整体方针政策；校长是行政总管，主持各项行政事务；评议会是学术首领，负责学术事务，

三个机构分工明确、各司其职。陈本敬（2016年）研究提出，英国高职院校校长负责制是在董事会的领导下，董事会负责高层决策，校长负责实施，下设委员会分工明确，权责明晰。其章程对重要机构、职能部门及高层管理人员的主要权责都有明确规定。

（二）树立了教师参与治理的共同治理理念

例如，美国高职院校采用的是共同治理，可以说，由校外人员组成的董事会不插手学校的日常行政管理和学术管理，他们只负责学校发展的宏观政策和方向，由校长领导的行政队伍和以教师为主的评议会分别管理着行政和学术事务，以行政和学术两股力量实施对董事会的监督。又如杨建国（2012年）研究提出，德国的马格德堡应用技术大学和奥斯特法利亚应用科技大学在学校决策过程中充分体现了教授治校的特点，学院高层领导、专业负责人、带头人都是在教授中产生。陈德泉（2016年）在《德国双元制职业教育的重新审视》中指出，德国的"双元制"大学都设有"专业委员会"，其作为最高学术机构，主要任务包括专业领域咨询、专业性问题决策，德国职业院校的内部治理机构设置体现了学术自由的传统，使教授和教师的主体地位得到了充分的彰显。

（三）形成了教师参与职业院校治理的机制

美国高职院校几乎都设有评议会，董事会将学术权力下放给评议会。评议会由教授或者以教授为主的学术人员组成，是教师参与高职院校重要问题决策的学术性机构，几乎包揽了所有学术事务的决策权。评议会的成员是从全校教师群体中选出的，有全职教师，也有兼职教师。一般情况下，全职教师在评议会的任期为3年，兼职教师为1年。评议会通常设立各种常务委员会来处理各种学术事务，如学术规划委员会、学术政策委员会、科学研究委员会、教学委员会、教育政策委员会等。当遇到特殊问题时，会临时增设委员会来处理具体事务，等该任务结束后，这些临时委员会就会撤销。

美国高职院校内部治理是一种董事会负责高职院校的大政方针；

校长负责学校行政事务；评议会负责学校学术事务的三权分立结构。新加坡理工学院董事会成员包括来自政、校、企三方的中高层管理人员，从不同角度把握方向，为决策建言献策。赵凤娟（2011年）研究提出，国外高职院校教师工会促使教师参与管理的主要运行机制是集体谈判，其程序通常分为：推选谈判小组成员、实行谈判、合同签订。总之，发达国家高职院校大都为教师和其他团体提供了咨询渠道，使教师在管理事务中有发言权甚至决定权，特别强调了教师在课程、教学方法、科研等方面发挥的主要作用。此外，发达国家教师参与职业院校治理的形式丰富、范围广泛，涉及决策、学生管理、教学改革、后勤管理等多方面。

（四）董事会等决策机构成员中教师都占一定的比例

美国高职院校董事会以校外人士为主导，与其他普通高校相比，高职院校培养的人才与行业产业联系更为紧密，因此也更需要得到行业企业的支持，因此高职院校董事会中行业企业的代表占有一定的比例。另外，董事会成员还包括相关政府官员、教育专家、教师和学生代表等，对于董事会成员的产生方式，制定章程，以外部推荐和民主选举为主，董事会设置各类委员会来处理事务。社区学院是美国高职院校的典型，其董事会人员构成充分体现了教师等多元利益相关者共治原则，职能定位注重多方沟通和统筹决策监督，运行机制与行政系统既独立又协作，注重采取多种举措提升董事会履职的专业性。日本高职院校的最高决策机构为董事会，实行自上而下的管理，由校长和董事以及校长指定的教授等相关人员组成，负责审查包括学校发展总目标、年度工作计划、学校章程、学校预算和决算等重要业务，还成立了有教师代表参加的"教育研究委员会"，以考虑教学和研究中的重要问题。

二、国外教师参与高职院校内部治理的启示

（一）形成具有中国特色的高职院校内部治理体系

发达国家高职院校在其内部治理方面取得成功的经验和鲜明特点，

对我国高职院校当前所进行的内部治理结构改革具有较好的借鉴作用。在学科专业建设、课程教学、科研管理方面应让教师充分地享有决策权,学术管理的重大决策权只有掌握在教师手中,高校才能持久有效地承担起知识传承、更新、融合和创新的责任。同时,无论借鉴哪个国家的经验,都要从本国国情出发,从高职院校实际情况出发。所以我国高职院校无论是外部治理还是内部治理改革必须实事求是,形成中国特色的高职院校治理模式,从本土文化和社会制度出发,促进职业院校发展。借鉴国外高职院校治理理念与举措,我国高职院校内部治理结构建设应致力于推进董事会制度,实行"议行分离";加强评议会制度建设,平衡行政权力与学术权力;成立监事会,完善监督机制。

参与高职院校治理有利于培养教师的主观意识和民主意识,有利于高职院校的管理科学合理,使教育治理体系走向现代化。教师想要更好地维护自身利益,就应主动地参与到内部管理中,通过学习管理方面的知识,提高自身管理水平,积极主动参与高职院校的治理工作。

(二) 转变政府职能,支持教师参与高职院校内部治理

我们应该学习借鉴发达国家教师参与高职院校治理的有益经验,探讨适合我国高职教师参与的新方法和新途径,重视教师队伍建设和内部管理体制建设。在教师参与的问题上需要考虑参与领域和参与人选的确定,排除不利因素,充分发挥教师作用,加强高职院校民主化管理的程度,提升高职院校内部治理水平。

建立行政和学术权力双系统运行的创新治理机制,是我国高职院校急需解决的问题。政府从宏观上把握高等教育的方向和质量,为高等教育的健康发展提供适宜的充满活力的环境,当好"掌舵者"。通过理顺与上级主管部门的关系和取消行政级别两种方式来实现"去行政化"。一方面,要求政府部门转变职能,简政放权,明确管理职责和权限;另一方面,要切实转变观念,强化服务意识,把责任扛起来,

把权力下放。其中的关键在于寓科学管理于服务之中，主管部门既要给予高职院校充分的办学自主权，又要加强宏观管理，引导高职院校坚定办学方向，坚持立德树人的根本任务。高职院校"去行政化"强调的是摒弃过度泛化的行政，同时，要科学地进行宏观调控，合理地开展行政工作，这对于完善及重建治理组织体系，确保高职院校内部管理高效、有序运作具有重要意义。

（三）治理实践中需适当突显教师的主体地位

高职院校应该树立教师人力资源是第一资源的理念；高职院校的目标应与教师个人目标相融合，组织发展与个人发展相一致，内部人员齐心协力共同促进高职院校的发展。在"育人为本"和"以人为本"的理念之下，重塑高职院校文化价值体系，彰显教师主体地位，将权力在内部各不同利益群体间科学合理地进行分配。例如，德国高职院校较好地秉承"教授治校""学术自由"的办学思想，教师拥有教学管理、授课自由等各项权力，政府及学院无权干涉，"以人为本"理念在德国高职院校内部治理中得到了充分的体现。

发达国家政府部门在出台与民众切身利益相关的政策时，经常采用听证会这种民主管理方式，听取各方人士的意见和建议，对政策方案进行修改、调整，增强政策措施的可行性。将听证会制度纳入高职院校管理中，是高职院校管理制度的一种创新。按需召开听证会，尤其在出台与教师切身利益有关的政策措施之前，通过听证会的方式，了解教师的建议、意见，对政策措施进行调整、修改，从而增强教师对政策措施的认同感，保障政策措施顺利贯彻执行。高职院校须坚持教师主体地位，以激励机制为导向引导教师参与高职院校的治理实践，有效提升高职院校的内部治理水平。

三、促进教师参与高职院校内部治理的建议

(一) 建立促进教师参与高职院校内部治理的支持机制

1. 信息公开机制

掌握信息是教师参与高职院校治理的前提，教师为学校提供建议、咨询、监督、决策，甚至自己维权等都是在掌握相关信息的基础上进行的。因此，信息公开不仅是提高学校工作透明度的需要，也是保障师生公众知情权、参与权、表达权和监督权的关键。

首先，高职院校管理者要树立"高职院校信息公开是常态"的思维方式。因为这是事关学校稳健运行的长效机制。俞可平研究认为，透明性越高，善治的程度也越高，而善治程度与组织的管理效率也正相关。信息公开让高职院校事务运营透明的做法，在节约管理成本的同时，也增加了信任资本，营造了民主的氛围，为利益群体的参与提供了可能，有利于高职院校做出科学规范的决策。因此，为了实现高职院校治理的"善治"目标，提高高职院校管理效率，高职院校管理者必须要树立"公开是常态"的思维方式，只有涉及保密的事项才不公开。广大教师只有拥有同样的思维方式，维护自己的知情权，才能更好地服务高职院校，也才能更好地保护自身权益。如果教师秉承"公开与否无关紧要"的思维，高职院校信息对教师不再重要，教师不再关注高职院校，必将带来高职院校治理的困境，教师也不会享有作为组织人的集体感。信息公开无论对高职院校治理还是教师自身发展而言，都是双赢的举措。

其次，要重视征询教师意见。征询教师意见的过程也是教师参与高职院校治理的过程。要定期召开座谈会，邀请各学科、各年级、各教研组、各职称层次、各年龄段的一线教师代表参与"信息公开"会议，教师对自身想了解的学校信息进行介绍，校方根据政策文件、保密需求，对教师的要求予以回应，合理的公开项目予以采纳，涉及保

密原则的向教师解释后可以不予公开或依申请公开，进一步厘清学校信息公开的范围。在此基础上，高职院校要根据国家政策文件，结合教师对校务公开的期待，制定本校的校务公开制度，对公开的方式、内容、期限、程序等进行详细具体的规定。以严格贯彻落实学校信息公开制度，保证教师的知情权、参与权和监督权。

最后，完善信息公开制度。推进校务公开、政务公开、党务公开、院务公开，完善信息告知机制，做到信息告知常规化、全程化、全面化。完善党务校务公开机制；建立完善的监督管理机制；加强第三方组织对高职院校的监督和评价；加强董事会、校友会、其他三方组织对高职院校事务的监督。不断完善监督机制，力争做到全方位全过程的监督，确保各项权力在法律制度的约束下依法有序地运行。

2. 意见反馈机制

《学校教职工代表大会规定》要求："学校应当建立健全沟通机制，全面听取教职工代表大会提出的意见和建议，并合理吸收采纳，不能吸收采纳的，应当做出说明。"也就是说，教师参与应有法律意义上的后果反馈。有了反馈，才能真正产生互动，教师才能积极主动参与高职院校的治理。

首先，要注重对教师意见进行归纳整理。可以按不同利益主体进行分类，即使在高职院校教师内部，年轻教师和资深教师、理论课教师和实训课教师、专业课教师和公共课教师、普通教师和骨干教师都可能有意见的分歧。因此，可以对教师意见按照不同利益主体进行归纳、分类。学校在认真听取教师意见的基础上，进行分析、归纳和整理，对每类意见是否采纳做出统一说明，这是一种比较有效的处理意见的办法。

其次，要明确教师意见的反馈方式。对教师群体民意调查、民主选举等事项，一般可以在教职工代表大会上统一进行反馈；对那些意见分歧较大的学校事务，学校在归纳分类的基础上，可以分类进行反馈，也可以考虑通过二级学院、职能部门等渠道进行反馈，对校方为何采纳、为何不采纳某项意见进行统一说明，尤其注意要对未采纳意见进行解释说明。当统一的解释不能解答教师疑虑时，如果教师有诉求，高职院校要专门为其进行阐释说明，做好教师个人的安抚工作。除了当面的大会反馈、私下交流反馈，高职院校还可采用书面反馈、网络反馈等形式，对教师的意见予以反馈和解答。

最后，要将意见反馈制度化。制度化是组织和程序获得价值观和稳定性的一种进程，因此有必要将高职院校治理过程中的意见反馈制度化。学校治理中的意见反馈制度，可以保障学校尊重教师等各主体的意见，可以提高教师参与学校治理的积极性，也可以作为对不尊重教师意见、不进行意见反馈的行为进行惩罚的依据。另外，制度还应该对意见反馈的主体、程序和方式、惩罚措施等做出明确的规定。

3. 参与激励机制

从某种意义上来说，促进信息公开、意见反馈等措施都是为了使教师愿意参与高职院校治理，但是，仅有意愿是不够的，更直接的促进教师参与高职院校治理的办法是"参与激励"。在做好精神激励、物质激励的基础上，做好激励相容，只有这样才能让教师真正愿意参与高职院校的治理。

首先，要进行精神激励，让教师意识到参与的价值。促进教师参与高职院校治理的精神激励不仅应在动员教师参与之前，也应在教师参与之后。在动员教师参与学校事务之前，校方应该让教师意识到自身参与的必要性，让教师知晓其参与学校治理对学校、对自身的价值。在教师参与之后，更应该表达对教师的感谢，感谢大家共同为了促进学校治理改善所做的努力。这种感谢可以是口头的，也可以是书面的，但必须是真实的。除了感谢外，还可以公开表扬，以树立榜样，让教师在精神上获得满足感。

其次，要进行物质激励，让教师获得参与高职院校治理的物质报偿，要让参与者获得相应的报偿。一些高职院校对参与者和不参与者并没有经济报酬上的实质区别，这严重打击了教师参与学校事务的积极性。要建立一种竞争激励机制，真正做到"多劳多得"；或者设立专项资金用于参与学校事务的教师奖励，为普通教师设立高职院校发展贡献奖，通过公平、公正的推选办法，让普通教师踊跃为高职院校发展出谋划策；还可通过课题立项的形式，对积极参与高职院校治理、有效解决问题的教师进行资助。

最后，要构建激励相容机制，统合整体和自我利益。激励相容理论认为，管理就是要构建一套具有相容性的激励机制，让个体在追求个人利益的同时，也能为组织目标贡献力量，从而解决个体利益与整体利益之间的矛盾。高职院校可以考虑个人与集体绩效奖励相结合。在高职院校治理中，很多时候都可以采用"团队评价"的方式，比如为了促进教师参与二级学院的活动，可将教师绩效考核与其所在二级学院的集体考评相结合；往更大范围讲，可以把教师绩效考核与学校整体评价相结合，从而激发教师将个人利益与学校整体利益相结合的意识。也可分解高职院校目标，进行目标管理。纵向上可以将高职院校目标分为长期目标、中期目标和短期目标，横向上可以将高职院校目标任务分配到相关职能部门、各二级学院、各教研室，再具体到教师个体。高职院校要引导教师在制定目标时，将个人目标和集体目标相结合、个人阶段目标与集体阶段目标相结合。引导教师在发展过程中将自我利益与学校整体利益相结合。

信息公开机制、意见反馈机制和参与激励机制是促进教师参与高职院校治理的基本机制。它们为教师参与高职院校治理提供了可能性、可行性和动力源泉，是促进教师参与高职院校治理的基本制度逻辑。

（二）增强教师参与高职院校治理的内驱力

现代大学竞争的核心已不仅仅是资金、人才和技术，更重要的是教师参与高职院校治理的自觉与自醒。用制度、责任、师德标准等来提升教师群体参与高职院校治理的内驱力。激励、引导教师结合岗位职责积极主动参与学校治理。

首先，要完善高职院校教师师德标准。兴国必先强师，中共中央国务院印发的《关于全面深化新时代教师队伍建设改革的意见》指出，新时代教师队伍建设应把突出师德作为基本原则。教师思想政治素质和职业道德是从教者必备的基本素质，是为人师安身立命的基础。基于教师职业道德规范，高职院校要进一步明确教师的职责，激发教师参与高职院校治理的热情，提高教师参与高职院校治理的能力。高职院校要完善教师的职业道德标准，主要包括：教书育人，在教学活动过程中，教师要树立公正观念、尊重学生，要及时更新人才培养理念，拓宽个人教学视野，及时更新学科前沿知识，提高教学治理能力；科研育人，在进行科研活动过程中，要刻苦钻研，求真唯实，淡泊名利，立足社会需要与教育实践进行研究，在科学研究中提升治理水平；在日常工作中，要明确教师职责，加强道德修养，注重加强个人专业知识储备，勇于探索创新，拥有参与学校治理的责任感和使命感。

其次，在对教师进行考核时，要注重教师参与学校治理的考量。应将教师参与教学改革、参与学校治理等情况纳入考核制度，使教师进一步明确参与学校改革发展是其应尽的义务和职责。将教师参与学校治理的频次、参与治理的层次与成效、参与治理工作的具体内容纳入考核实施细则中。好的工作绩效是学校高速有效运转的保证，科学有效的考核标准是工作绩效参考的重要依据，同时，也是检验教师个人综合素质的重要标准。高职院校治理能力作为推动高职教育高质量发展的重要环节，对教师综合能力的要求更为严格。将教师参与学校治理情况纳入教师绩效考核内容，有利于教师及时掌握个人的优势和不足。同时，参与高职院校管理及教学改革情况与教师个人绩效考核相关联，关系到教师个人的物质利益，也反映出教师在工作中的综合能力。因此，教师势必会对参与高职院校治理工作更加重视，其参与高职院校治理的积极性也会增强，会以主人翁的姿态投入工作。

（三）增加教师参与高职院校治理渠道的制度供给

当前，教师参与高职院校治理渠道的制度供给存在供给滞后和供给效用不高的问题。制度供给滞后是指现有制度无法满足教师多渠道参与的需求。现代科技尤其是互联网技术催生教师参与大学内部治理的新渠道，网络渠道凭借其低成本、高效用、高便捷性、高参与率等优势，迅速成为教师表达利益诉求、影响高校决策的重要渠道，但它尚未成为一种制度化的参与渠道。制度供给效用不高是指制度缺陷影响了制度效果，以制度化程度较高的学术委员会为例，董向宇（2015年）研究指出，就《高等教育法》的制度设计来讲，它存在着制度供给不完备和职权设定狭窄两方面的问题，就《高等学校学术委员会规程》的制度设计来讲，它存在着相关制度内容缺失、相应的制度设计不适切等问题。因此，增加教师参与高职院校渠道制度供给的路径主要包括提高新渠道的制度化程度和提高现有制度的科学化程度。

1. 提高新渠道的制度化程度

一是建设基于网络平台的信息公开制度，依托互联网及时、准确、全面地公开有关信息，通过信息公开监督行政权力运行，提高教师参与高职院校治理的意识。二是建立具有可操作性的回应机制，对于教师通过网络渠道表达的利益诉求，按照无缝对接的要求，整合学校内部职能部门、人员和其他资源，明确工会、校办或其他部门为单一回应部门，避免校内"条块分割"体制可能带来的回应主体不明、多头回应等问题，同时要明确受理、转办、督办、反馈、评估等回应流程和时限要求。三是建立网络参与渠道的风险控制机制，网络平台的信息传播具有快速性、广泛性、互动性和放大性等特征，与教职工代表大会、学术委员会等传统渠道相比，网络参与渠道更容易催生治理风险和公共危机，需要建立信息预警、分级响应和应急联动等风险防控机制。

2. 提高现有制度的科学化程度

制度的科学化集中在制度内容的完善程度、规则的可操作性和制度的配套程度等方面。科学化的第一个标志是制度内容是否完备，以教职工代表大会为例，有相当一部分高职院校的《学校教职工代表大会规定》还没有对教代会代表团正副团长、专门委员会、主席团、执委会等内部机构的组成人员做出明确的限定，这为行政权力介入并掌控这些机构提供了机会，导致普通教师代表及其所代表的教师群体的利益难以得到充分表达、协商和满足。科学化的第二个标志是制度是否兼容其他制度或者是否有其他配套制度予以支撑,教师参与治理的任何一种渠道的良好运行都要依托一整套制度集合。例如,高职院校内部的学术系统由于没有独立的执行机构,因此,学术委员会的决策必须经过校长办公会议的认可才能转化为行政决策并得到良好执行,学术委员会制度如果无法与校长办公会议制度实现良好的对接,就有可能导致"有决策、无执行"的局面;学术委员会在实践中也可能异化为"审而不议""议而不决"的仪式性机构。

(四) 健全治理组织体系

从内部治理来看,建构现代大学制度关键在于完善治理体系。建立完善的高职院校治理体系内涵包括治理机制实行"管、办、评"分离,完善参与治理的制度机制,健全参与治理机制,均衡内部权力分配等。从"管理"到"治理"是高职院校管理模式的深刻转变,是高职院校治理更加科学、民主的新开端。高职院校要健全治理组织体系,进一步完善教职工代表大会制度,充分调动二级单位的积极性和创造性,最终建立科学、合理、和谐的内部治理机构。

1. 强化教师参与决策的组织支撑

突出同行专家、教授等群体在高职院校治理中的重要地位。从目前制度运行的实际情况来看,部分高职院校教职工代表大会、教学工作委员会、学术委员会等机构运行中存在的主要问题是行政的过度干预和控制,因此行政人员要适度退出这些机构,让教师群体更多地参与进来,这样才能使教代会和学术委员会真正代表教师群体的意见。应该在实践中探索教师参与的内容、制度、程度、方式等,提高教师的参与度,满足教师自我实现的需求。高职院校"去行政化"的目的就是要求管理人员和教师一道服务学生的成长成才、一同致力于提高治理效能。"去行政化"的核心在于行政管理人员要将控制观念改变为服务观念,从管理方式、组织架构、岗位职责、任务目标等多个方面进行认真梳理和改进。

2. 合理确定教师决策参与的领域

高职院校的管理者应当充分认识教师的专业性，提高教师在教学、科研事务上的参与程度，使教师拥有更多的专业自主权。一些人认为，参与决策的教师越多越好，频率越高越满意，这是一种误解。教师参与决策的频率与教师的满意程度并非成正比。教师均衡参与高职院校治理使教师满意度最高。因此，高职院校管理者要根据不同教师的专业特长等自身优势提供适当的机会让教师参与高职院校治理，而不是盲目地以提高他们的参与度为目的。对于教师来说，适当参与的程度取决于两个条件：第一个是教师的非教学时间，如果很多非教学时间用于开会，用来讨论学校的决策问题，会使教师感到疲劳，降低其参与热情和激情；第二个是参与的问题与教师切身利益的相关度，当教师认为其参与决策的问题和自己密切相关时，他们会投入巨大的热情，如果他们参与的事务不是那么重要或与他们不相关，那么他们可能不想花时间或动脑来表达他们的意见。

3. 界定教师主体权利和义务，明晰组织制度惯性

高职院校章程的核心内容应明确办学治校的基本原则和重要事项，对高职院校的教师等主体的权利和义务进行具体规定。以章程和国家法律法规为依据，完善内部治理制度，明确党与政府组织、学术组织等制度的关系，全面梳理学校现行规章制度、管理文件，明确学校、学院与部门的关系和管理机制，形成以章程为核心的内容规范、层次清晰的治理制度体系，推进高职院校依法治校。

4. 规范教师参与高职院校决策的合理程序

高职院校教师参与决策的合理程序如下：首先由二级学院一级机构讨论，然后报学校层面审核。在参与决策的过程中，要明确哪些由校级层面决定；哪些由教师和行政机构共同决定；哪些事情可以由二级学院及学校决定，只有合理安排各级权力才能使制度在章程范围内有效运作。通过规范参与程序以及协调处理各项事宜，相关部门做好跟踪、监督，教师参与高职院校治理才能达到更好的效果。明确校、

二级学院的权责关系，高职院校主要负责高校章程制定、政策制定、预算评估、监督与评价并督促领导班子实施、制定发展规划，从宏观上进行管理，引领学校发展总方向；二级学院主要负责专业设置、教师聘任、招生就业、学生管理、对外交流和社会服务培训等；二级学院及职能部门关注教育教学改革研究，同时，对相关预算等有发言权和决定权。只有实行科学管理，高职院校才能正常、有序、科学、高效运转，从而促进教育资源优化组合，不断提高治理能力。

（五）坚持以人为本，优化教师参与内部治理的环境

1. 坚持和完善教职工代表大会制度，优化教师参与内部治理的制度环境

首先，加强教代会代表监督力度，保障教师合法权利，涉及课程教材资源开发、实验实训条件建设、教育教学研究与改革、教师发展与教学团队建设、国内外教学交流与合作等与学校发展、教师利益息息相关的重大问题均需教代会审议通过。制定高职院校重大决策和措施要求实现民主化、科学化。其次，提高教代会代表民主管理意识，密切联系教职工群体，积极吸纳教师参与民主监督，充分发挥教职工在学校民主管理中的作用。最后，认真落实二级学院教代会制度，进一步提高教职工参政、议政意识，推动民主制度建设。对影响教职工切身利益的政策以及重大决策进行审议，推进院务公开、学院重大事项的意见征集工作，广泛了解并反馈教职工的心声诉求，切实维护教职工权益。

2. 营造教师积极参与学校治理的氛围

不断完善以教职工代表大会制度为主要内容的内部监督机制，强化职能、严格制度、严肃纪律，维护教职工参与决策、管理及监督的民主合法权利。鼓励教师等利益相关者参与学校治理，进行有效监督。需教职工代表大会审议通过的所有重大事项，经党委会、校长办公会研究讨论后提交教代会审议。推行党务公开和政务公开，向广大师生、离退休人员等及时通报学校重大事项的决策，将民主政治建设纳入重

要工作日程。进一步规范权力运行机制，加强对重点领域、关键环节的监督，强化制度的执行力。有针对性地开展调查分析，进一步完善权力分配制度，着力构建符合工作实际，有利于发挥正确导向作用的长效激励机制，努力营造教师全身心参与学校治理、积极投入教学科研等工作的良好氛围。

第八章　混合所有制高职院校内部治理现状及改革对策

2014年6月，国务院印发的《关于加快发展现代化职业教育的决定》明确提出"探索发展股份制、混合所有制职业院校，允许以资本、知识、技术、管理等要素参与办学并享有相应权利"。2017年12月，国务院办公厅发布的《关于深化产教融合的若干意见》明确要求"通过购买服务、委托管理等，支持企业参与公办职业学校办学。鼓励有条件的地区探索推进职业学校股份制、混合所有制改革，允许企业以资本、技术、管理等要素依法参与办学并享有相应权利"。2019年颁布的《国家职业教育改革实施方案》中明确提出"发挥企业重要办学主体作用，鼓励有条件的企业特别是大企业举办高质量职业教育，各级人民政府可按规定给予适当支持""支持和规范社会力量兴办职业教育培训，鼓励发展股份制、混合所有制等职业院校和各类职业培训机构"。可见"支持和规范社会力量兴办职业教育培训，鼓励发展股份制、混合所有制等职业院校和各类职业培训机构"已成为我国职业教育多元办学格局的方向与强音。

近年来，一些高职院校采取了混合所有制的办学模式，打破了国有资本与民营资本办学的界限，成为一种化解资本来源单一的有效办学形式，且通过充分发挥国有资本与民营资本的多重优势，促进了此类高职院校的快速发展，但混合所有制办学中各类办学主体之间的关系如何厘清、各自应该发挥怎样的作用、各方权利如何保障、义务如何约束，即如何在混合所有制高职院校中实现协同运作、协同治理，根据利益相关者的不同利益诉求，寻找协同的平衡点，建立一个良好的治理结构与治理机制，是混合所有制高职院校实现治理体系与治理能力现代化、达到共治共赢目标的关键所在。

第一节 混合所有制高职院校发展的意义与内部协同治理的价值诉求

一、新时代推进混合所有制高职院校发展的现实意义

发展混合所有制高职院校,是完善现代职业教育和培训体系、促进高职院校科学发展、优化专业布局和结构、提升职业教育质量的迫切需要。

(一) 发展混合所有制高职院校是增加职业教育有效供给的重大举措

党的十九大报告提出"完善职业教育和培训体系,深化产教融合、校企合作"。新时代对发展职业教育提出了新要求。加快发展现代职业教育,一方面需要国家加大投入,一方面需要产业资本流入,以满足资金需求,同时,在职业教育领域形成产业与教育、学校与企业的命运共同体。发展混合所有制高职院校,是落实党和国家的方针政策、提升职业教育现代化水平的要求。混合所有制办学,明确高职院校的产权,优化高职院校治理机制,通过投资、入股增强对企业和社会力量参与职业教育的吸引力,有利于优质职业教育资源的积聚,有利于企业在"产教融合,校企合作"中发挥重要主体作用。高职院校混合所有制办学改革是动员企业和社会力量办学、推进教育供给侧改革的重大举措。

(二) 混合所有制高职院校办学改革是深化职业教育办学体制改革的重要手段

随着改革开放向纵深推进,在中国特色社会主义已进入新时代的

大背景下，高职教育也从过去的外延式发展进入内涵式发展的新阶段，质的提升、结构的优化取代了量的增加、规模的扩张，成为当今高职教育发展的新方向。在新的形势下，传统的以指令性计划为主导的行政化管理体制已经不能满足高职教育进一步发展的要求，急需进行办学体制的改革。在高职教育办学体制改革进程中，混合所有制办学正是突破高职教育体制"痼疾"的一剂"良方"。一方面，发展混合所有制高职院校有利于扩大学校的办学自主权。混合所有制办学改革，引入企业主体，产业资本介入高职院校发展可以实现以市场化手段优化教育资源配置的目的，进而提升高职院校自身的办学自主权。另一方面，发展混合所有制高职院校有利于优化学校的治理结构。在过去的管理体制中，高职院校的治理结构是金字塔式的，行政指令通过各层各级传达到工作执行的最基层，以政府部门为绝对主导的管理体制严重制约了高职院校的发展活力。通过混合所有制办学改革，引入多元化办学主体，能够构建起权力与制衡之间的平衡关系，进而使高职院校的治理结构得到有效优化。

（三）混合所有制高职院校是改善职业教育供给结构的有效途径

企业和社会力量参与高职教育的发展，将充分发挥各方优势，对接经济发展与专业建设，不断改善高职教育的专业布局，优化职业院校的专业结构，是完善和创新现代职业教育体系的重要途径。产业与高职教育的融合，将更好地促进职业教育为经济转型和产业结构升级服务。企业在资本层次参与职业院校的专业建设，将有力地推动专业的改革创新。

（四）混合所有制高职院校办学改革有利于促进高职教育产教深度融合

职业教育领域积极探索并运用混合所有制这种新的办学体制，最主要的原因是职业教育与社会经济及产业发展有着紧密的联系。近年来，国家高度重视并大力推动职业教育产教融合。2014年6月，国务院印发《关于加快发展现代职业教育的决定》，提出"深化体制机制改革，统筹发挥好政府和市场的双重作用，加快现代职业教育体系建设，深化产教融合、校企合作"的总体要求。2017年12月，国务院办公厅印发《关于深化产教融合的若干意见》，对推进职业教育产教融合做出了更加具体的工作部署。尽管国家不断加大力度推进产教融合，但职业教育产教融合的实践成果并不突出。最关键的原因就是尚未建立起高职院校与行业企业之间的"利益捆绑"机制，往往是高职院校有着强烈的产教融合诉求，但行业企业缺乏参与职业教育办学的动力，导致学校与行业企业难以实现深度融合发展。通过职业教育混合所有制改革，将产业资本引入职业教育领域，能够从职业院校自身和行业企业主体两个方面深化产教融合、校企合作。一方面，发展混合所有制高职院校，让社会资本介入职业教育办学，企业就成为学校股东中的一员。企业经营管理者进入高职院校董事会，自然会把事关高职院校发展的各项事务从外在义务变为内在职责，也会更努力地支持高职院校的发展。另一方面，发展混合所有制高职院校，将产业要素更多地引入职业教育，能够大大提升职业教育"产学研"一体化程度，进而提升高职院校服务地方经济社会发展的能力。

（五）混合所有制高职院校办学改革是提升职业教育质量的重要保障

新时代中国特色社会主义建设中职业教育领域的主要矛盾是人们对职业发展、职业价值和职业尊严的追求和高质量职业教育的供给不充分、不均衡之间的矛盾。混合所有制高职院校，为满足人们对高等教育和终身学习的需求，为培养适应经济社会发展需要的高素质技能型人才创造了更好的条件。推进混合所有制高职院校改革，有利于企业与高职院校发挥各自优势，有效实践产教融合、校企合作、工学结合，改善职业教育的人才培养模式，适应新技术、新经济的发展，提高人才培养质量。

(六) 混合所有制高职院校办学改革有利于优化高职教育的资源配置

高职教育作为技术技能教育,与其他教育类型相比,对教育资源投入的数量和质量有着更高的要求,需要更高效的资源配置方式。长期以来,我国高职教育资金的主要来源是财政拨款,师资队伍建设的主要基础是事业编制。这种"政府—学校"的资源供给模式已经不能很好地适应现代职业教育发展的要求。通过实施职业教育混合所有制改革,能够从人、财、物三个方面充实并优化高职教育的资源配置。首先,发展混合所有制高职院校,必然会引入社会资本。当社会性经济主体参与高职教育办学以后,其必然与高职院校之间产生人才流动,如出资方派遣管理者出任校董事会成员、企业技术骨干进入高职院校参与专业建设工作等,这些活动都将充实高职院校的人力资源。其次,通过大力发展混合所有制高职院校,能够促进公有资本、集体资本与社会资本的联合,从而为高职教育办学提供更为多元、广泛、充足的资金支持。最后,通过混合所有制改革,引导企业主体参与高职教育办学,可以利用企业所有的生产线、设施设备支持高职院校的实践教学,有效解决高职院校实践教学的场地和资金不足等问题,丰富高职院校的物力资源。

二、混合所有制高职院校协同治理的价值诉求

价值协同是协同治理的灵魂与核心。面对共治主体不同的价值观念与利益诉求,价值理念的统一是混合所有制高职院校的发展基础,其协同治理的价值诉求是多元主体沟通与协商、博弈与均衡的基本理念支撑。

(一) 形成相互尊重、相互信任、相互协调的核心价值理念

首先,治理主体间的相互尊重是协同治理的基础。混合所有制高职院校各治理主体包括政府、高职院校、企业、行业协会、社会组织

等。各治理主体间或相关利益者间需彼此尊重、认同，这是高职院校协同善治的前提。如高职院校应尊重与服从政府组织的相关政策和法律法规；政府从宏观上对高职院校进行指导，尊重其办学自主权。高职院校尊重企业对学校人才培养的要求与建议，合理采纳相关建议，但并非一味迎合或"讨好"，更不是对企业提出的要求或建议置之不理，使校企合作流于表面。企业与高职院校的相互合作表现在承担起在高职院校治理中应尽的责任，尊重其他治理主体的行为，尊重高职院校的办学方式和人才培养模式。

其次，治理主体间的相互信任是协同治理的保障。由于混合所有制高职院校办学资本来源于办学主体多元化，在实践中，各相关利益者为了自身利益最大化，会对彼此的决策产生一种疑虑，从而产生隔阂，使深度合作难以进行。治理主体间的关系将会影响治理的效果。对于混合所有制高职院校而言，内部协同治理类似于利益博弈，只有保证不同主体之间的信任和合作才能够避免双败的惨局。混合所有制高职院校相关主体必须形成良好的互助、合作、信任关系才能确保内部协同治理的科学性与有效性。

最后，治理主体间的相互协调是协同治理的关键。我国职业教育存在各治理主体之间连接纽带不强、角色定位不明、权责关系不清等问题。而缺少相互协调的治理是无序、无法实现集体行动的治理，治理主体间的相互协调是解决这种无序状态的有效途径。此外，不同主体往往呈现出不同的利益诉求与行为模式，因此，若想保证协同治理效果最优化，则需要将高职院校利益者间的相互协调贯穿于学校治理的全过程，从而促进高职院校利益相关方形成命运共同体，以此实现高职院校治理共赢共生的目标。

（二）建立多方参与的开放治理体系

多种所有制主体共同参与的混合所有制高职院校必然受到不同利益主体的影响。因此，需要推动多元主体以不同程度、不同频次的形式参与行动，形成有序衔接，从分散治理转向协同治理。因此混合所有制高职院校协同治理需要建立多方参与的开放治理体系，构建全社会积极参与高职院校发展的机制。

首先，多元主体共治是混合所有制高职院校内部协同治理的基本前提。高职教育作为一种教育类型，其具有教育性和职业性双重特性，需要学校和企业建立更为紧密的联系，且混合所有制高职院校办学资本来源多元化，因而混合所有制高职院校治理中心的"外部性"色彩更为明显。混合所有制高职院校的治理不仅需要发挥政府的作用，更需要行业企业等治理主体的紧密参与。因此，若要突破高职院校传统的管理模式，建构混合所有制高职院校协同治理模式，需摒弃以权力为依托的管理思维，转而寻求以多元化主体为基础的协同治理模式。该治理模式能够有效发挥不同主体的优势，促进学校的良性、稳步发展。混合所有制高职院校的治理工作不是运营管理主体的职责，而是需要不同主体发挥自身职能作用，共同努力实现最佳治理效果。

其次，治理方式民主化是混合所有制高职院校协同治理的重要方式。目前，我国公办高职院校行政化的管理模式使校内机关主要对上级负责，缺乏由师生、社会、社区、企业或第三方组成的利益群体的监督。同时，大数据技术的创新发展对我国社会经济的各个领域产生了巨大影响，也对高职院校运营管理模式的改革提出了新的要求，加大了高职院校管理层的工作压力。由此，落实民主管理、民主监督，开辟听取广大教职工意见或建议的渠道是混合所有制高职院校协同治理的重要内容。治理方式民主化下的治理主体或利益相关者间的关系是民主的，即高职院校并非唯一治理主体，政府、社会组织、行业企业之间应当在平等地位的基础上协商。混合所有制高职院校治理民主化表现在：一方面，尊重且支持民主参与，同时，切实保障师生在治理中的主体地位；另一方面，还要发挥社会相关组织及利益群体监督的职能，从外部监督、履职考察的角度落实民主管理监督。

（三）建构联动高效的现代治理机制

为实现混合所有制高等职业院校的最佳协同治理效果，必须确保各主体的积极参与,在良好协商、信息交互、职责明确的基础上发挥各自优势作用,共同提升运营管理水平。

1. 多元高效的协商机制是混合所有制高职院校协同治理的主要运行机制

高职教育多方利益者之间的互动交流因为协商机制的缺失而流于形式,缺乏实质性效果,自然难以形成有效协商的链条。因此,当前高职院校构建多元高效的治理协商机制可以通过政府、社会和高职院校的协商平台以及广大师生和高职院校的协商平台来实现。第一个协商平台可以采用董事会、理事会等形式,为来自政府、社会和学校的各方代表提供决策咨询以及合作办学的协商交流平台,并将董事会的决策意见作为高职院校治理的重要参考依据。第二个协商平台可以通过党支部、工会、学生会等组织机构做好师生群体的利益诉求征集、利益协调等工作,确保师生权益得到良好的维护,师生参与学校事务的管理渠道畅通。

2. 动态完善的信息机制是混合所有制高职院校协同治理的重要导向机制

协同治理需要兼顾不同利益主体的利益需求,这也是我国高职院校体制改革的基本任务和要求之一。基于大数据时代的宏观环境,不同主体将呈现出更加显著的利益差异,从而对协同治理的整体水平提出了更高要求,也对信息分析工作水平提出了更高要求。第三方评价机构可以在一定程度上保障高等职业教育中的信息安全,避免信息出现失真和泄露的风险,为建立动态完善的信息机制和公开机制保驾护航。同时,先进信息技术的发展也应在注重信息安全技术研发的同时,建立健全信息的内外监管机制,确保信息的真实、安全、有效。

3. 权责一致的责任机制是混合所有制高职院校协同治理的重要保障机制

责任作为高等职业院校协同治理的基本要素之一,对实现良好的治理具有举足轻重的作用。因此,高职教育的管理权、办学权和评价权与其相应的责任应该一致并达到高度匹配。然而现实中有责无权、有权无责、权重责轻等权责不一致的情况在高职院校治理中不同程度地存在。若要保障混合所有制高职院校协同治理的健康运行，则需要改进这些缺陷，推行绩效评估、绩效诊断和绩效问责，实现对混合所有制高职院校协同治理的一致性、协调性和整合性评估，并针对绩效目标寻找差距，提出整改意见，最后结合绩效评估结果，向政府教育部门、学校以及社会反馈，充分认识到混合所有制高职院校治理中的成就和不足，根据评估结果明确责任并采取具体有效的改进措施。

第二节 混合所有制高职院校的治理现状及问题分析

一、混合所有制高职院校的治理现状

当前，我国大部分的混合所有制高职院校都采用董事会（理事会）领导下的校长（总经理）负责制，而这种治理模式属于单边治理，这种治理模式崇尚"股东至上"，即高职院校混合所有制办学过程中出现的战略决策、战术执行及运行监督等一般由股东来管理。出现这种"股东至上"观念的主要原因如下：第一，由于混合所有制高职院校中多元主体的权力来源于投资份额，根据股东股份选举产生董事会，董事会再公开选聘校长（总经理），校长（总经理）再到人才市场招聘教职工，这种治理架构主要是通过对权力的重新配置来实现股东经济利益的最优化；第二，高职院校混合所有制办学的资本主要由物质资本和人力资本两方面组成，其中物质资本的功能更为强大，因为它能够进行抵押贷款，而混合所有制高职院校的运行离不开强大资本的支持，故物质资本的作用更明显，再加上人力资本有时存在的惰性，使混合所有制高职院校更加注重物质资本，以实现资本的不断增值；第三，当前混合所有制高职院校主要采用股份制，使所有权和经营权实现了分离，由此催生出了委托代理关系，即董事会委托校长

(总经理)对高职院校进行管理。总之,当前的混合所有制高职院校所采用的单边治理模式大都是以"股东至上"作为治理的基本原则,其最终目的是实现股东利益的最优化。

二、混合所有制高职院校办学实践中存在的主要治理困境与问题

混合所有制作为一种新的办学模式,虽然大部分高职院校和企业参与混合所有制改革的意愿较高、对混合所有制改革的正向意义较为认同,且有些职业院校已迈出混合所有制改革的步伐,期望通过这种改革解决当前存在的现实问题;但实际上,从合作机制上看尚处于探索完善阶段,发展中也不可避免地会受到多元治理主体的影响,混合所有制高职院校的发展存在诸多治理困境与问题,其中还夹杂了很多矛盾与冲突。

(一) 董事会领导下的校长 (总经理) 负责制治理模式监督效力不足

混合所有制高职院校目前主要以董事会领导下的校长(总经理)负责制治理结构为主,其治理过程中的监督既包括外部监督,也包括内部监督。《中华人民共和国民办教育促进法》明确指出,教育行政主管部门及有关部门依法有权对民办学校实行监管,以此来推动职业教育办学质量提升。由此可知,政府是混合所有制高职院校外部监管的主体。当前,我国部分混合所有制高职院校在实际运行过程中,政府主管部门与混合所有制高职院校校长(总经理)之间存在着信息不对称现象,一方面,政府缺乏对混合所有制职业院校的监管热情;另一方面,混合所有制职业院校也不希望政府管得太多太细,进而使政府这一外部监管主体的监管效力大打折扣。从混合所有制职业院校的内部监管看,董事会领导下的校长(总经理)负责制治理模式主要由董事会、监事会、教代会等对校长(总经理)进行监管,而校长(总经理)是董事会的重要成员,这就使董事会的监管有时形同虚设,变

成了"自管",监管力度与效果可想而知。另外,董事会领导下的校长(总经理)负责制治理模式的监事会一般由股东选举产生,但选举出来的监事人员往往缺乏充足的财务或审计知识,实际上难以切实履职,最终导致监事会无法有效对校长(总经理)进行监管。教代会这一混合所有制高职院校的监督机构对校长的监督往往流于形式,也无法对校长(总经理)进行监管。由此可知,董事会领导下的校长(总经理)负责制治理模式,无论是外部监管还是内部监管,都无法切实履职,故不能实现监管的目的。

(二)参与治理的动机不同

混合所有制作为一种新的办学模式,在合作机制上尚处于探索阶段,发展中也不可避免地会受到多元治理主体各个方面的影响,在很大程度上制约了混合所有制高职院校高质量发展的速度。混合所有制高职院校中多元主体参与改革与治理的动机与诉求较为多元,但是又各有侧重,整体呈现出"和而不同"的态势。总体而言,高职院校作为高等教育的重要组成部分,以人才培养、社会服务、科学研究、文化传承为基本职能,因此其参与改革的终极目的亦即更好地完成以上四个职能,以"公益"为主要追求。与此对比,企业参与混合所有制改革的诉求可从几个方面来分析,如获取利润、提升企业管理水平、增强竞争力、培养所需人才,实际上以"营利"为主要目的。这种动机的不同若控制在合理范围内,则具有可调和性;但若"营利"动机没有控制在合理范围内,则不仅不能发挥各利益主体的优势,还将严重影响高职院校的治理效率与质量。

(三)董事会领导下的校长(总经理)负责制治理模式有时存在经营权"自利"行为

当前,高职院校混合所有制办学过程中采用的董事会领导下的校长(总经理)负责制治理模式,虽然实现了所有权和经营权的分离,在形式上实现了管控分离,但是在实际运行中还存在着诸多问题,需要加以解决。由于人都是理性的"经济人",校长(总经理)作为混合所有制高职院校的经营者,不可能是完全意义上的"道德人",他们可能会在信息不对称情况下,寻求其他的经济利益,从而产生了经济学理论上所提及的"道德风险"或"逆向选择"。"道德风险"即在信息不对称的情况下,从事经济活动的主体往往会为了最大限度地扩大自身利益,而做出一些损害他人利益的行为。譬如,混合所有制高职院校的校长(总经理)经常会从事一些经济活动,由于高职院校运行过程中诸多信息不对称,他们往往最大限度地满足自身利益,给自己增加福利,但监事会又无法对其进行监管,这就使其实现自身利益最大化的同时,其他股东权益受损。"逆向选择"即由于交易双方信息不对称而导致的市场资源配置扭曲的现象。也就是说,市场上往往质量好的产品价格高,质量差的产品价格低,由于信息不对称,使得市场上出现劣质品驱逐优质品的情况,最终导致整个市场产品的质量下降。譬如,董事会聘请校长(总经理)时,由于他们之间信息不对称,董事会对应聘者无法完全了解,在选择校长(总经理)时,通常会选择报价较低的应聘者,而真正有能力有水平的应聘者由于期望工资较高,往往得不到应聘岗位,从而出现了"劣币驱逐良币"的现象。由此可见,无论是"道德风险"还是"逆向选择",都使单边治理模式难以取得理想效果,高职院校校长(总经理)的人力资源水平难以提升,进而阻碍高职院校混合所有制办学各项决策的推行。

(四)党委管理功能弱化

当前,我国高职院校推行混合所有制改革,吸引社会力量参与办学,其股份主体还是国有资本,再加上教育具有公益属性和教育属性,如果单纯推行董事会领导下的校长(总经理)负责制,就会导致股东们更多地追求经济利益,而不能全身心地进行职业教育人才培养。另外,既然以国有资本作为控股资本,就应在治理结构中体现党委的作用,应当体现政府对高职院校运行的宏观调控和指导。

但当前混合所有制高职院校实行董事会领导下的校长（总经理）负责制，主要以董事会、理事会、监事会、校长（总经理）及教代会为治理架构主体，在很大程度上忽略了党委的管理主导作用，而教育自身的属性决定了其应当为国家和社会服务，为国家经济社会的发展培养合格的人才。因此，混合所有制高职院校在治理过程中也应当充分彰显党委的方向指导作用，这样才能更好地担当起为国家和社会发展服务的职责。

（五）参与治理的制度不清、权责不明

由于目前国家对混合所有制相关配套制度仍不完善、不具体，政策制度支持力度不够，边界不清晰；政府及教育主管部门对混合所有制高职院校的发展又缺乏明确、有力的指导举措，致使混合所有制高职院校在运行过程中缺少行政督导及社会监督，甚至会产生国有资产流失和教育腐败的现象，这就造成了混合所有制高职院校容易出现办学管理和教学管理分不清楚的现象。制度不清一方面造成有意愿参与改革的高职院校和企业纷纷采取"安全"的观望态度，另一方面，导致已经处在混合所有制改革进程中的高职院校和企业难以在制度框架内梳理权责关系，行政监督和社会监督制度难以发挥作用。

鉴于多元主体参与混合所有制高职院校治理的制度体系不够清晰和完善，加之高职院校与企业的制度设计逻辑起点本身就存在差异，因此它们参与混合所有制高职院校治理的权责很难厘清，致使多元主体对混合所有制高职院校的治理结构、治理机制等方面心存疑虑。实际上，混合所有制办学模式是高职院校办学的一种革新，法人治理结构则是在混合所有制办学创新基础上进行的新的尝试。在新型的高职院校办学模式中实行企业化的管理，必然会引起一定的矛盾和冲突。解决这些问题的关键是把矛盾和冲突控制在合理、可调和的范围内。混合所有制高职院校参与办学的多元主体中，高职院校与企业作为"跨界融合"的主体，其本身的治理结构、治理方式、治理文化均有

较大的差异。在其共同参与混合所有制高职院校的治理中，由于高职院校治理方式和企业治理方式在融合中碰撞，因此，在这种交锋中极易出现办学主体与治理主体之间权责不明的现象。这种境况将成为混合所有制高职院校高质量发展的重要障碍与问题。

（六）混合所有制高职院校内部治理结构的调整优化面临诸多阻力

职业教育混合所有制办学作为一种全新的职业教育办学模式，需要在管理机制和治理模式上进行创新。同时，由于混合所有制职业院校的产权结构趋于多元化，也要求建立与之相匹配的治理结构框架。现阶段混合所有制高职院校治理结构的调整优化面临许多阻力，没有形成具有普遍意义的、各方主体都能够接受的治理结构改革方案，使得混合所有制办学推进缓慢。第一，尽管国家出台了鼓励高职院校混合所有制办学的政策措施，但都属于高职院校产权结构调整的方向性指导，对诸多重要而又现实的问题缺乏规范效力，尤其是基于股份制的院校财产在占有、支配、使用、收益和处置等环节的权益划分并不明确，决定了以产权为基础的治理结构调整缺乏权威性依据，进而导致各利益相关方在享有高职院校的资产权益方面极易发生分歧，甚至产生矛盾。第二，由于当前我国关于混合所有制办学的法律法规体系不够完善，规范社会经济主体行为的《中华人民共和国公司法》和规范职业教育主体行为的《中华人民共和国教育法》是作为建立混合所有制高职院校治理体系的主要法律依据，但这两部法律都是针对单一领域中的主体行为，难以满足经济主体与教育主体之间的跨界整合行为。第三，由于不同性质主体的价值目标和利益诉求不同，因此如何完善内、外部治理体系，使其能够有效地反映和协调权益方的意见和要求，成为所有参与混合所有制高职院校治理的各主体共同面临的难题。

三、企业参与高职院校治理的利弊分析

有学者指出:"发展混合所有制高职院校能更好地调动高职院校教职工的积极性""推进现代学校制度建设""混合所有制高职院校产权结构的多元化为打破一元化与行政化、'官僚化'治理方式奠定了根本基础。"有的学者还指出"混合所有制职业院校投资主体利益的多元,客观要求治理能力和治理体系的现代化,强调多元而非单一主体管理,注重民主式、参与式、互动式管理,防止'内部人控制'现象,形成决策、执行、监督三者权力制衡的现代法人治理机构,使各方面权利(力)得到有效制衡。"我们不否认,混合所有制的引入,使高职院校治理出现了一些新变化,但是这些只是变化,还需要我们对这些变化进行实证比较,并进行理性思考。

(一)关于混合所有制是否能调动教职工积极性的思考

公办高职院校的教职工代表大会、工会、纪委和学生代表大会等机构和制度,本身就是为了保障教职工和学生的"主人翁"地位,只要让这些机构和制度发挥应有的作用,就能极大程度提高教职工的积极性。反之,通过混合所制引进股份制的公司治理方式,可能会对教职工的"主人翁"地位产生冲击,降低教职工的积极性。同时,作为股东获利的积极性和作为教师讲求奉献和"社会良心"的积极性,两者不能同日而语。根据美国高职院校的治理经验,那些所谓按市场经济逻辑来治理的院校中,为了实现人力资源最大化和成本最小化,可以通过限制全职教师的数量来降低成本,雇用更多的临时教师,提升班级规模,降低学习成本。鼓励研究机构吸收外来资金,提高商业活动的地位,减少教学资源。这种政策规定,导致了教师对教学重视程度的下降。"在课堂内外,兼职教师、非终身制的全职教师和学生的互动明显减少。而且外聘临时教师对学生发展的努力更少。"工作的临时化不仅使教学工作去道德化,剥夺了教师长期稳定工作的可能,

而且给兼职和全职教师增加了许多非技能型的工作，同时，还把学术权力从教师阶层转移到管理阶层。所以，必须采取合理有效的措施才能保障混合所有制高职院校教职工的权益，最大限度地调动他们参与治理的积极性。

（二）关于混合所有制高职院校是否打破"单一治理"的思考

我们不否认，在高职院校治理中，特别是在人员聘用、干部的选拔和管理、绩效考核等方面可能存在一些问题。高职院校也并非"单一治理"，虽然校长、书记多由上级组织任命，但是按照正常的治理模式，高职院校有章程，有学术委员会，有教学工作委员会，有教职工代表大会制度，有党代会制度，有的还设有董事会和工会，还有学生评教，等等。总而言之，除了行政之外，其他的利益主体也有相应的治理渠道和制衡措施，如果严格遵守公办高职院校治理的规范，也是可以良好运行、取得成效的。高职院校教育体系中的示范院校和骨干院校，原来基本上是非混合所有制院校，这些院校的治理业绩也相当出色。此外，通过混合所有制，企业参与学校治理，如果运行不当，也并非"多元治理"，甚至滑落为更加毫无制衡的"单一治理"。按照现代企业的治理理念，股东大会成为最高的决策机构，董事会和校长对股东负责，企业极可能通过成为最大的股东来实现对院校的控制。这样就形成了企业"单一治理"的局面。高职院校的一切工作很可能就是为某一企业的特殊利益服务了。有的学者对于这一点也有所认识，因此提出"发展混合所有制职业院校，按照股份制形式组建治理结构，但又不能简单地采取谁出资多谁就拥有更大决策权的企业决策模式"。

（三）关于混合所有制高职院校是否有助于提升人才培养质量，满足企业需求的思考

企业在不作为股东参与高职院校治理的情况下，企业的质量监控

主要体现在对学校劳动力的教育培训要求和通过招聘对劳动力的选择上，属于外在的质量监控。企业作为股东，参与高职院校治理，把外在的质量监控向内在的质量监控转化，企业有权力直接决定教育目标、教育内容，参与指导教学和教学评价。这在一些人看来打破了原有质量监控以高职院校为主的局面，实现了管办评的分离。当然，混合所有制引入企业直接参与治理，有助于减少校企双方博弈的成本，满足参与企业的需求。但是必须考量参与高职院校治理的企业能否有效代表全体企业的利益，显然，每个企业都有其核心利益。有的企业参与高职院校治理的目的就是按照自己的要求培养和招聘少数优秀学生作为自己的员工，至于其他被淘汰的学生是否能够顺利就业，就不在他们的考虑范围内了，这样就损害了其他学生、高职院校以及其他企业的利益。即使在德国，有些企业主不愿意参加双元制的一个重要原因是企业间利益的纠葛，"特别是近年来，围绕着工资和社会改革等焦点问题，德国双元制的合作主体矛盾和冲突越来越多，企业主协会和工会的冲突表现得更为白热化。企业主协会基本上代表了大企业主们的利益，有不少中小型企业主退出了企业家协会。对于培训政策和费用，企业主们因为意见相左，又形成了很多不同的派系。"所以，在混合所有制治理方面，必须采取科学合理的监督和管理措施，尽量避免少数大型企业垄断混合所有制高职院校的情况发生。

第三节　混合所有制高职院校的治理结构特点及运行机制分析

在现代职业教育领域探索实施混合所有制办学，是高职院校深化办学体制改革的重大举措。混合所有制办学因其不同产权主体的民办、公益和经济属性，对高职院校的资源优化配置、充分竞争具有促进作用。根据利益相关者的不同利益诉求，推进混合所有制高职院校的内部治理改革，不仅有利于高职教育产教融合的真正实现；而且有利于高职院校摆脱发展困境，实现可持续发展。

一、混合所有制高职院校治理结构的基本特征

高职院校职业性、应用性和开放性的办学定位，决定了其要走混合所有制办学之路，而高职院校目前的治理结构与其发展方向所需的环境并不协调，"行政化"的高职院校管理制度势必要进行变革。在混合所有制办学背景下，高职院校治理结构的基本特征主要表现在以下几个方面：

（一）办学主体多元化

治理是各利益相关者共同参与事务管理，分享公共权力，以实现共同利益的过程。《国家中长期教育改革和发展规划纲要（2010—2020年)》明确提出，要调动行业、企业和社会力量等参与举办职业教育的主动性和积极性，建立健全政府主导、行业指导、企业参与的办学机制，鼓励企业、行业组织积极举办职业院校，实现职业教育办学主体的多元化。高职院校混合所有制办学不同于传统的办学模式，其传统的治理结构体现的是高度集中的教育权力，而权力集中有可能导致办学、经营、管理等方面责、权、利不明晰，阻碍多元主体参与办学的积极性。在新时期的职业教育发展形势下，高职院校开展混合所有制办学，应充分发挥多元办学主体的作用，不断完善社会主义市场经济体制下的教育体制，引导社会多元办学主体积极开展投资办学，明确各自主体的责、权、利，共同参与高职院校的治理，以实现多方共赢的目标。在全球经济一体化的大背景下，高职院校还要在发展过程中注重加强国际合作与交流，拓宽多元办学主体渠道，不断丰富国际化办学资源并拓宽办学思路。

（二）治理体系现代化

实施混合所有制办学，高职院校面临的关系结构和教育生态发生

了极其深刻的变化，一方面是来自办学主体性质的多元化；另一方面不同办学主体利益诉求决定了治理决策的复杂化。推进高职院校治理体系的现代化，是高职院校根据现代职业教育体系建设进入当前阶段的客观要求做出的重大改革。推进高职院校治理的现代化，其有效路径就是进行决策的民主化改革。要保证决策的科学性和民主性，就需要广泛征求各办学主体以及专家的意见和建议，协调与平衡各办学主体的利益诉求，将混合所有制办学的利益相关者纳入高职院校治理体系，让参与办学的行业企业以及教师、学生等都在院校治理中发挥其应有作用。同时成立理事会，以理事会为核心，通过一系列（如专家委员会、党政联席会、教职工或学生代表大会等）重要会议，各利益主体可以履行其知情权与参与权，最终实现决策在诸多利益主体之间的平衡，为决策的执行以及高职院校的科学治理打下坚实的基础。

传统的高职院校在内部治理上主要依赖于学院行政班底，由师生、社会、社区、企业或第三方组成的利益群体起监督作用，缺乏直接管理权限，呈现出单向垂直的趋势，导致行政化、科层制特点过于明显。而混合所有制下的高职院校治理，由于在产权结构上实现了多种主体混合办学，在利益多元的基础上对于治理方式的民主性与互动性提出了客观要求，有利于突破"内部人控制"、治理主体单一的传统弊端，"在协调校企双方的利益基础上，保障决策的民主性、科学性、互动性和广泛参与性，保障执行的有效性和监督的科学性"，继而建立从决策到执行再到监督三大权力制衡的现代化治理方式，实现办学利益相关者间的权力平衡。

（三）产权明晰

混合所有制是指在社会经济形态中，不同产权主体多元投资、互相渗透、相互贯通、相互融合而形成的新的产权配置结构和经济形式，从本质上说是一种股份制经济或者以股份为基础的经济。产权是所有制的核心，当前，我国经济领域改革的重要目标是建立健全归属清晰、权责明确、保护严格、流转顺畅的现代产权制度。衍生到高等职业教育领域，产权同样契合我国高等职业教育纵深发展理念，是引领高职院校混合所有制办学的关键要素，其内容涵盖高职院校办学定位、法人属性、治理结构、监管方式等诸多方面。与一般意义上的高职院校相比，混合所有制高职院校最大的特征在于产权结构的混合性，国有资本、集体资本与非公有资本相互融合，更具开放兼容的产权结构和制度设计，但无论是学校法人产权，还是社会资本介入的投资者产权，都要根植于明晰的产权制度安排，否则就无法满足高职院校混合所有制办学的发展需求。

（四）运行机制逐步市场化

作为一种产权配置结构与经济形势，混合所有制经济在产权投资主体上具有多元性、渗透性、融合性与贯通性，它是针对传统所有制结构的弊端和转轨中存在的问题、适应建立完善的社会主义市场经济体制而提出来的。著名职业教育家黄炎培曾说："办职业学校的，应同时和一切教育界、职业界努力地沟通和联络。"高职院校的发展，其生命力的激发与延续在于与企业、市场和社会的相互渗透与融合。只有充分发挥企业、市场与社会的力量，高职院校才能真正成为面向市场需求、面向社会需要的自主办学主体，才能打破教育与职业、教育与社会的围墙。混合所有制"企业学院"的建立，可以增强高职院校的办学活力，提升学校在人事管理、财务制度、重大决策方面的责任意识，激发学校成为独立办学主体的自主性，使教师在教书育人的同时也能够参与企业工程实践，使学生在学习理论的同时也能参与企业实践，成为企业学徒。总的来说，混合所有制"企业学院"旨在让高职院校运行机制以市场化代替计划命令，充分发挥市场在学校发展资源配置中的决定性作用。

（五）参与途径多样化

在混合所有制办学背景下，高职院校的教育政策和学校事务应充分体现行业企业等利益相关者的深度参与。混合所有制办学的利益相关者既是决策的参与者和确定者,也是决策的执行者和受益者,在高职院校治理的过程中,强调的是各利益相关者的权力分担和各利益相关者的参与。采用混合所有制办学的高职院校相继建立了多样化的利益相关者参与治理的途径:第一,通过完善相关的管理制度,保障各利益相关者参与治理的权力,在混合所有制办学背景下,只有保证参与办学主体的权益,才能使其主动参与,以此来保证其参与办学的实效;第二,建立有关的听证会、研讨会制度,为利益相关者参与治理提供有效渠道,将管理机构由决策者转变为协调者,由各利益相关者为高职院校治理决策提供咨询与协助;第三,建立及时有效的反馈机制,提高各利益相关者参与治理的积极性,各利益相关者参与院校治理最关注的是能否对治理决策产生真正的影响,只有重视各利益相关者的参与意见,建立及时有效的反馈机制,才能保证其参与积极性,体现高职院校治理的民主性。

二、混合所有制高职院校内部运行机制分析

混合所有制高职院校在治理模式上适宜采用法人式的治理结构,实行党委主导、董事会领导下的校长负责制,同时,建立健全相关的办学收入分配机制、评价机制、协调机制、自主运行机制、激励约束机制等,继而保证混合所有制高职院校科学顺利运行。

(一) 办学收入分配机制

如何科学有效地对高职院校办学收入进行公平合理的分配是混合所有制高职院校不可规避的问题之一,收入分配是否均衡将直接影响混合所有制高职院校能否有序发展。在这一机制上,需遵循以下四项原则:一是实现形式各异原则。收入的分配不得"一刀切",而要根据混合所有制的具体实现形式而定,合作制、股份制、合作股份制等不同的实现形式要有各自不同的收入分配标准与机制。二是公有与非公有资本原则。混合所有制高职院校有其公有性质,具有公益属性,

但其非公有性不得忽视,在技术开发、专利发明、社会培训等方面,可以按照一定原则与程序进行公有与非公有的利益分配。三是购买支出原则。混合所有制高职院校提供的教育服务中若存在非公有制所提供的成分,政府或社会应该对非公有制主体进行一定的购买支出。四是收益补偿原则。针对混合所有制中的投资方,政府在其办学服务上应该对相应的税收项目进行一定减免。

(二) 评价机制

绩效评价制度主要是针对混合所有制高职院校的董事会、董事会成员和校长层的绩效考核评价机制,分为内部评价与外部评价。所谓内部评价,就考核内容而言,在于从经济效益与社会效益两方面对考核对象进行全方位的评估;就考核方式而言,主要是以股东大会与监事会的评估为考核评价依据,以考核对象自我评价为辅助考核手段进行综合多方考评。就外部评价而言,学院董事会、董事会成员与校长工作绩效最核心的体现是混合所有制高职院校的教育质量与学院的办学水平,其中专业办学水平尤为重要。这两方面的绩效评价可采用国家教育行政部门的评估与鉴定,如职业教育定期评估制度、高等教育质量年度报告等相关数据与材料。同时,社会评价也是混合所有制高职院校绩效评价的重要指标之一,其中最主要的是高职院校毕业生入职后用人单位的反馈与评价以及借助于第三方平台的就业数据等,这也是混合所有制高职院校在进行绩效评价时所要考虑的问题。

(三) 协调机制

对于高职院校而言,混合所有制改革将涉及各方利益,是不同利益主体博弈的最终结果,基于共同目标形成合力,发挥不同主体优势作用,共同提升高职院校办学水平。因此,科学合理的协同治理关系是混合所有制改革的关键所在。

职能、责任、权利是组织的基本特征与发展基础。对于组织管理工作而言,最核心的任务就是明确职、责、权的合理关系,实现三者的均衡协调，为组织的良性发展奠定良好的制度基础。权责治理是实现协同治理的重要保证，只有明晰了权责，各方主体之间才能明白各自的目标、任务及安排内容，也才能够更加有效地协调各方面资源，换句话说，才能建立更加具体全面的运行机制，保证各自内部有条不紊运行的同时，积极配合其他利益主体积极进行全方位的系统建构，形成一个最具有生长力的可持续发展的机制及系统。地方政府应当积极履行其职能作用，设立专门的管理协调部门，全面负责高职院校的创新监管工作，可分为地方职业教育专家指导委员会、地方职教管理办公室、地方政行企校业务平台等具体的职能部门。

混合所有制改革进程将直接影响高职院校的办学能力和人才培养质量。行政管理与学术管理的双重职能作用决定了高职院校独特的管理模式与发展理念，而多元的主体特征也要求其管理制度的创新和发展，建立健全类似于企业管理模式的内部治理结构，方可确保混合所有制改革的顺利进行。在具体工作中，董事会、办学管理团队、监事会往往被称为组织体系的"三驾马车"，在高职院校治理中发挥着核心作用。股东大会是院校的权力机构，由全体股东组成；董事会是高职院校的经营决策机构，监事会则承担监督职责。董事会、监事会成员由股东大会进行选举，其法律地位相同但职责各有不同，董事会负责日常的经营、管理等工作，而监事会负责监督董事会及董事的工作履行情况。必须厘清资本管理与经营管理界限，决策权、执行权、监督权既相互制约又相互协调，只有这样才能使混合所有制背景下的高职院校内部治理改革顺利推进。

（四）自主运行机制

在传统的高职院校办学过程中，"治理方式倾向于高职院校行政色彩浓厚的行政化治理方式，也无相互制衡和相互约束的治理机构，导致校企利益难共赢。"有些公办高职院校存在一种依赖政府的懈怠心理，政府对于高职院校发展干预过多，不敢或者说不愿让高职院校实现"自由翱翔"，这一现象的存在势必抑制高职院校的办学活力，同时，也阻碍了政府调控的实现。从某种意义上来说，高职院校自主运行机制的建立与完善对于混合所有制高职院校的发展尤为重要。这一机制的建立能够帮助混合所有制高职院校明确要做些什么、如何去做、由谁负责、结果如何考核、如何调整效果、如何问责等，继而实现在混合所有制高职院校战略发展的制定、决策规划与推行、专业设置与动态调整、人事调配与变动、教学运行与管理、教师评聘与收入分配、绩效考核与认识管理等方面的自主权力。

（五）激励约束机制

区别于其他办学形式的性质，混合所有制高职院校在文化环境、治理结构、股权结构等方面具有特殊性，因此在激励约束机制上无法照搬其他高职院校已有的标准与方式。最好的方法是借鉴现代公司体制下的法人激励机制，以实现此机制的生动性与活力化。在这个过程中要使机制能够满足优化的机制的条件，即"参与约束、激励相容约束、效用最大化"。在校长层中采取多种激励约束方式，在强化校长层自身道德修养与提升自律意识的基础上，从物质、精神等方面进行不同组合形式的激励，通过国家职业教育基本法律法规、学校财务规章制度、学校章程、学校行政管理方法等各项法律制度与契约条款来进行本质的约束，继而降低委托风险与监督成本。

（六）监督机制

混合所有制高职院校的监督机制是一个多元多维监督机制的复合体，包括治理组织内的监督机制，党组织监督机制，政府教育督导部门督导机制以及行业企业、社会媒体、第三方审计机构和社会公众所形成的监督机制。内部治理架构内的监督主要是股东会、董事会、监事会、校长层所形成的监督机制，涉及股东对董事会、董事会对校长层以及监事会对董事会、校长层的监督；内容可以分为产出效果和投入效率监督，董事会和校长层的业绩指标、重点工作计划的完成情况、办学效率、财务管理、基础管理建设以及工作努力程度等。党组织重点监督高职院校的关键人、关键岗位和关键环节，监督国有资产的安全和保值增值等；监督在办学过程中是否有利用混合所有制的格局进行利益输送、蚕食国有资产、搭便车、设租寻租等行为。政府教育督导机制是国家加强对高职教育组织领导的制度设计之一，主要责任是监督高职院校履行职业教育职责的情况。

第四节 深化混合所有制高职院校内部治理改革的对策

2017年12月8日召开的中央经济工作会议明确提出："我国经济发展已由高速增长阶段转向高质量发展阶段，要贯彻新发展理念，坚持以推进供给侧结构性改革为经济工作主线，大力推进改革创新。"新发展理念就是要突出经济发展方式的创新，突出各个经济领域的大力探索和积极实践。若要做好新时代的职业教育，尤其需要树立和贯彻落实新发展理念，充分激发社会各方的力量，吸引更多资源向职业教育集聚。加快发展混合所有制高职院校既是推动职业教育创新发展、转型升级的重要途径，也是建设优质高职院校的必由之路。2014年国务院颁布的《关于加快发展现代职业教育的决定》提出"探索发展股份制、混合所有制职业院校"，自此各职业院校、各级政府和社会各界积极响应，进行了大量实践探索，也积累了一定的经验；但是，我们仍应清醒地看到，不少高职院校、企业和地方政府对于如何科学探索并实践发展混合所有制高职院校仍存在理解片面、推进落实不力的问题，尤其是对推进混合所有制高职院校内部治理改革的现实要义理解不深，对现实困境的解决方法探索不多，实践路径比较单一，实践形式比较传统。因此，探究和创新混合所有制高职院校内部治理改革的有效对策，对于盘活高职教育资源，创新资源配置模式，实现区域经济社会发展与高职教育有效供给的良性互动，推动混合所有制高职院校发展逐渐走向深入，都具有重要的现实意义。

一、明确混合所有制高职院校各治理主体的角色定位

构建一种权利配置合理、责任划分明确的权责明晰机制对于提升混合所有制高职院校内部治理实效性、激发办学活力是不可或缺的。在这个过程中，权责明晰不仅意味着各主体的权责内容具体、相互协调，更应注重的是以此为基础如何有效地落实各自权责。明确治理主体的角色定位是权责明晰的基础。首先，政府要扮演好协同治理推动者、宏观调控者的角色，一方面是《高等教育法》等国家法律明文赋予其的职责；另一方面又源于人民大众广泛权力的设定与让渡，这就意味着政府在协同治理中的权力与责任需要在法定范围内尽可能地体现"利他"特性，更好地服务民众。由于高职院校和企业在隶属关系、办学目标上的差异，仅靠两者自身或者教育行政部门或者产业主管部门，难以协调好利益影响下可能出现的协作冲突，而政府作为国家权力执行机关和公共事务的上层管理部门，在分析矛盾、化解矛盾、推动协同治理上具有不可替代性。其次，必须要保证高职院校的主导地位，否则可能会导致协同治理时偏离高职教育职责和立德树人目标。协同治理实际上就是高职院校与企业共担育人职责、共享育人成果的过程，而非简单的权力让渡。更为重要的是，高职院校需要充分整合多元主体的治理资源，确保自主管理、协调治理的科学水平以及在外部治理上的质量输出与服务社会发展的目标实现。因此，在明晰高职院校权责时必须体现其在治理层次上的主导性和治理方式上的整合性。最后，企业直接参与到治理的各个过程中，因而需要承担起物质资源共享、技术资源支持、人力资源供给、品牌资源输出的责任与义务，政府和高职院校将围绕办学目标对其进行充分授权，更好地满足其自身发展需求。同时，企业作为非官方组织，在参与治理时应具有监督权，以避免高职院校在主导权行使上的过于独断和自由涣散，以形成一定程度的分权制约。

同时，国家应该明确混合所有制中各主体的法人属性、法律地位，

对混合所有制高职院校的性质进行科学、明确的界定,充分保证参与主体的合法权益不受侵害,以此消除国有资本尤其是其他所有制资本的办学疑虑,确保其能全身心投入混合所有制办学中,创新混合所有制的办学模式,提升混合所有制的办学质量和水平,加大国有资本以及其他所有制资本的合作力度。国家只有在政策及制度方面给予充分的支持和保障,混合所有制高职院校才能安心办学,高质量办学,混合所有制高职院校中的国有资本和其他所有制资本才能通力合作,才能打造良好的内外部发展环境,满足其发展需求,共同开创混合所有制高职院校的美好未来。

二、完善混合所有制高职院校办学治理结构

混合所有制高职院校的本质特征是"混合",由于混合了多元化的主体和资本,就必然要求高职院校建立起多元主体共同参与的治理结构。完善混合所有制高职院校的治理结构框架,应从以下几个方面来进行:第一,完善学校的产权制度,建立教育产权交易市场。要吸引社会资本投入职业教育领域,就必须建立起成熟完善的教育产权交易市场。一方面,要建立起职业教育领域各项资源要素价值的评估、定价机制,明确各项有形无形资产要素的市场价格,为产权变更和股份制改造提供有效依据;另一方面,要建立公开透明、充分竞争、流通有序的教育产权交易市场,为各类非公教育产权要素的市场流通提供渠道和平台,打消社会资本投资职业教育混合所有制办学的后顾之忧。第二,要建立健全多元主体共同参与高职院校的民主治理模式,健全法人治理结构体系。一方面,要进一步完善董事会领导下的校长负责制。混合所有制高职院校由于利益相关者众多,因此,其董事会的建立必须遵循多元化、民主化的原则,成员应当包括但不限于政府相关部门官员、出资方代表、高职院校领导、教职工代表和学生代表等。董事会负责高职院校的重大事务决策,校长负责高职院校的日常校务和教务管理,并向董事会负责。另一方面,要建立多维度的监督

评估机制。混合所有制高职院校作为一种参与主体众多、办学模式不成熟的教育组织，更要重视办学过程的监督和办学绩效的评估工作。要建立起组织内部监督、党组织监督、政府部门督导、第三方机构监督和社会公众监督的多维监督机制，确保发展混合所有制高职院校的各项工作公开透明，经得起审视和推敲。同时，还要建立兼顾经济效益和社会效益的混合所有制高职院校办学绩效评估指标体系，并形成定期评估的制度，对高职院校董事会和校长推动落实各项工作的成效进行严谨、细致、科学、合理的评估。评估主体除了高职院校的股东会、监事会以外，还应当包括第三方专业化的独立机构，以确保各项评估工作和结构的科学性、权威性。

三、科学界定和划分混合所有制高职院校各治理主体的职责权限

（一）坚持合理的权责划分原则

首先，要坚持权责一致原则。混合所有制高职院校内部治理必须实现多元主体权力与职责的一致，从本质上说，权责一致必须以公共利益为导向，公共利益也将成为不同主体的统一目标，只有基于该统一目标，才有可能实现利益均衡与协同治理。

其次，要坚持高效性原则。混合所有制高职院校内部治理需要从实际情况出发对院校内部权力分配机构和管理结构进行改革，对各部门的治理职能、治理权限和治理内容进行科学调整，其目的是最优化地整合治理资源，提高治理效能。

最后，要坚持前瞻性原则。在划分权责时需要充分考虑经济社会发展、产业结构调整对技能型人才的需求，要结合具体院校的办学实际，以一定的超前性来实施治理，以更好更快地提升办学效益，赢得竞争性优势。

（二）科学划分与有效制约内部权责

在混合所有制高职院校办学的内部治理上，"人""事""财"

"物"无疑是权责划分的重点。具体而言,政府、学校和企业应该着重在以下内部治理领域做出明确的界定和划分。

1. 在高职院校发展规划上

政府需要在高等职业教育的办学方针和办学目标下功夫,高职院校和企业则在充分协商下共同制定发展战略和中长期发展规划,并负责具体实施、诊断改进、监督与评价。

2. 在人才培养上

高职院校在招生、师资引进、课程开发等方面享有更大的自主权力,企业直接参与人才培养方案制定、课程体系设计、实习实训基地建设等工作,制定高职院校教学工作的总体要求、目标规范、评价体系,发挥过程性监督职能,及时将意见反馈给学校。政府对人才培养质量进行检查和评估。

3. 在专业建设上

政府根据大范围的调研结果对学校的专业布局提出合理性建议,基于企业的积极协助,高职院校需要对规章制度进行创新,确立更加科学的专业建设规划,实现更加高效的资源配置,企业负责开展资产使用的绩效评价评估。此外,高职院校应在专业建设上划清院校两级的学术权限职责,并以学院章程等文件来保障其效力。

4. 在财务管理上

政府主要提供财政、税收上的政策支持;企业为高职院校注入社会资本,与高职院校共同协商确定好办学经费的分配方式,对资金的分配使用具有监督权;高职院校则需要编制好校财务预算和决算,严格按照财务规章制度投入各个项目,保证财务公开透明,接受来自企业和社会的监督,学院还应该承担起多渠道自主筹集办学经费的责任。

5. 在师资队伍上

高职院校根据办学规模和专业布局,核定编制与岗位,建立健全协同考核机制,充分保证考核工作质量,根据需要聘任教学所需的各类人才，开展师资专业实践能力培训，并对各级各类人才进行考核评价。

（三）整合治理资源，精准匹配各主体的治理优势与权责

混合所有制高职院校在协同治理的体系下，治理资源可以分为治理制度、治理平台、治理文化、治理人力资源等部分。治理制度是创新协同治理的理论保障，治理文化是创新协同治理的内驱力，治理平台是创新协同治理的现实路径，治理人力资源是创新协同治理的根本基础。政府、高职院校、企业三大治理主体在资源上各具优势，权责明晰要体现于各方在整合优势治理资源上的协同意识、合作范围与合作力度。从治理制度的角度来讲，需要以政府为主要力量破除混合所有制办学过程中的制度性障碍；在治理平台方面，主要是高职院校和企业需要完善和扩大教职工、企业员工参与治理的渠道与平台，推进内部协同治理的民主化；在治理文化方面，需要整合校园文化与企业文化，培育出以"立德树人"为根本任务、以"集体参与、共同协商、民主决策"为精神内核的治理文化；在治理人力资源方面，政府、学校和企业需要正确选人、用人，实现治理人才的培养交流，打造一支理论知识扎实、实践能力强劲、创新能力卓越的治理队伍。

四、明确企业参与高职院校治理的底线

要正确分析企业参与高职院校治理的利与弊。企业参与高职院校治理有着积极的一面，也有着一些不可避免的缺陷。首先，避免企业化治理打击和异化教职工积极性。因为企业化的股份制管理和绩效管理，看重的是短时的、有形的、院校内部的、可用货币来衡量的"业绩"，而忽视长期的、隐性的、整个社会的、依靠道德支撑的"业绩"。在探索混合所有制高职院校建设中，要注意有形和无形业绩两者并重。其次，实现和保持"多元治理"的模式。公办高职院校并不是完全的"单一治理"，要继续发挥高职院校章程、教代会、党代会

等民主机构与方式的作用,避免混合所有制高职院校建设迈向侵害学生、教职工利益和社会公平,股东独大的"单一治理"模式。最后,重视混合所有制企业的代表性。在探索混合所有制的过程中,高职院校应该对参与企业有所选择,对企业的性质和要求有所限定,对于企业在教学、管理和评价上的权利和义务,要有明确的规定。在具体决策、管理和教学上,要关注中小企业的利益,建立公开、公平的竞争机制,避免少数企业对混合所有制高职院校的治理垄断,实现混合所有制高职院校的可持续发展。

五、完善顶层设计,破除混合所有制高职院校内部治理的制度瓶颈

高职院校混合所有制办学改革是一个长期、复杂、系统的利益调整过程,需要健全的法律法规和政策制度作为重要支撑。首先,健全法律法规体系,为高职院校混合所有制办学提供法律依据。《中共中央关于全面推进依法治国若干重大问题的决定》明确要求实现立法和改革决策相衔接,做到重大改革于法有据,立法主动适应改革和经济社会发展需要。针对当前没有高职院校混合所有制办学改革若干基本问题的共同法律框架,需要对《教育法》《职业教育法》《高等教育法》《民办教育法》等相关条文进行修订,一方面,厘清当前不适应混合所有制办学的内容;另一方面,对混合所有制办学的法律地位、机构属性、产权保护、资产处置、退出机制、风险防范等进行增补说明,明确高职院校混合所有制办学的概念和性质,以更好地回应高职院校混合所有制办学改革的法律诉求。其次,优化完善相关激励政策和机制,为发展混合所有制职业院校注入强大动能。一方面,按照教育分类管理原则,兼顾公平,制定出台针对高职院校混合所有制办学的财政扶持、税费优惠等配套政策,强化物质激励;另一方面,建立社会资本准入职业教育"负面清单",遵循"法无禁止皆可为"的原则,为社会资本进入职业教育领域提供政策支持。再次,坚持稳定有序地推进职业教育混合所有制办学试点工作,为发展混合所有制高职

院校积累实践经验，寻求更好的办学路径和模式。因各地区发展水平不一，办学形式多样，而且没有现成经验可供借鉴，因而以试点方式推进、鼓励各地先试先行是发展高职院校混合所有制办学最为稳妥的方式。在当前以及今后一段时期内，可以坚持用办学试点的方式来推进高职教育混合所有制改革，鼓励各个地方先试先行，待形成了较为成熟、可以推广的混合办学模式以后再在全国范围内铺开。最后，充分突显章程在内部治理中的作用，国外高职院校的先进经验显示，依据章程实施治理是完善高职院校治理结构的重要手段。制定章程要切实加强组织和宣传，充分发扬民主，引导混合所有制办学的各利益相关者共同参与章程的制定工作。共同研讨混合所有制办学的理念、方向和宗旨，提升办学效益和办学水平。

六、营造和谐稳定的内部环境，打破封闭的内部组织

混合所有制高职院校是典型的利益相关者组织，对外面临的是政府、行业、企业等利益相关者，对内面临的是学校、教师、学生、家长等利益相关者。要实现各利益相关者在混合所有制办学中的利益目标，建立共同治理的体制和结构，处理好内部利益相关者的关系，发挥每一位利益相关者的作用至关重要。高职院校内部是否具备团结、和谐的合作氛围，直接影响组织的凝聚力和战斗力，因此需要采取恰当的措施，协调好学院领导、管理人员、教职工以及学生等各方的关系，还应特别处理好学院内部的执行与监督关系，及时处理内部矛盾，协调处理组织内部的冲突和摩擦，营造各负其责、相互配合、共谋发展的治理环境。

我国高职院校起步较晚，还存在内部组织相对封闭的问题，缺乏与政府、行业和企业之间的有效沟通。深化校企合作是实现高职院校人才培养目标的根本途径。而混合所有制高职院校的人才培养过程应呈现出更高的开放性，具体涉及专业建设、课程建设、师资队伍建设以及实训基地建设等领域，甚至包括教学过程的组织、管理以及评估

等具体的教学环节，都应呈现出以教学治理为核心内容的开放性的内部治理特征。这种高度的开放性可以从专业设置、教学资源、教学过程以及师资队伍四个方面合力推进。高职院校的专业设置要紧密对接经济需求，紧跟产业发展趋势，开放性地进行调整；建立一个动态的、校企协同的、适应区域经济发展需要的开放式教学资源系统；推行与生产过程对接的、开放性的教学组织和管理方式；构建校企融合的双师教学团队。

七、突出重要利益相关者的主导作用，尊重多参与方的利益

由于混合所有制办学的多元主体以及决策治理的特殊性，政府在办学中不能仅把关注点放在高职院校内部管理、运作环节，还应考虑如何使高职院校在混合所有制办学背景下获得健康良好的发展环境，这就要求政府应把工作重点放在通过政策法规来协调各利益主体之间的关系上。比如，不同性质办学主体参与高职院校决策和治理的权力如何得到有效落实，其利益诉求如何有效实现；合作办学的各方在高职院校发展中持续投入的相关责任义务如何明确；混合所有制办学中不同产权主体间的人事流动政策如何落实等。这些问题都要在重要利益相关者的积极推动下，才能够顺利解决。这些关键问题的解决，不仅有利于提高重要利益相关者参与高职院校治理的主动性和积极性，也有利于高职院校治理结构的不断完善，使其更加适应当今经济社会发展需要，推动高职院校健康可持续发展。

为了培养适应经济社会发展需要的职业人才，混合所有制办学成为高职院校深化办学改革的重要路径，混合所有制办学背景下的高职院校治理牵涉面广，需要打破封闭的传统办学格局，吸收来自社会的多种产权办学主体，这就必然要求多重利益主体的广泛参与，其所呈现出的是更为独特和复杂的治理特点。不同的利益相关者在混合所有制办学中要发挥其特有的职能。因此，混合所有制办学背景下的高职院校，要通过成立理事会来实现多元主体有序参与院校治理。各利益

主体在参与高职院校治理的过程中,要相互尊重各自的利益,既要尊重参与治理的行业企业的营利性,也要充分尊重学生与家长等利益主体的权益,出台相应的措施,促进利益相关者广泛参与,全面激发其发展潜力。要做到各方有序参与、相互尊重,以共同促进混合所有制高职院校的高质量发展。

参考文献

［1］王华兵，孔成．混合所有制高职院校的内涵特征和实现路径［J］．芜湖职业技术学院学报，2017，19（3）：4－6．

［2］孙翠香．职业教育治理：内涵构建及推进路径［J］．职教论坛，2017（22）：24－31．

［3］徐桂庭．关于职业学校治理体系与治理能力建设的若干思考［J］．中国职业技术教育，2014（21）：180－184．

［4］吴传毅．国家治理体系治理能力现代化：目标指向、使命担当、战略举措［J］．行政管理改革，2019（11）：1－7．

［5］严文清．中国大学治理结构研究［M］．北京：人民出版社，2011．

［6］郭翼嘉．地方高职院校内部治理结构优化研究［D］．郑州：华北水利水电大学，2020．

［7］金泽平．对教育消费的探讨［J］．消费经济，1998（6）．

［8］于小强．教育消费热点分析［J］．南京人口管理干部学院学报，1999（4）．

［9］郭强．中国高等教育消费的经济分析及国际比较［D］．西安：西北大学，2004．

［10］沈佩萍．反思与超越：解读中国语境下的治理理论［J］．探索与争鸣，2003（3）：7－13．

［11］刘燕．高等职业教育治理结构改革的理论、价值与实践路向［J］．教育与职业，2016（13）：13－17．

［12］甘永涛．权威—目的两分法：大学治理模式解析［J］．教育发展研究，2006（21）：51－53．

［13］吴元欣．优化高校治理结构的思考［J］．书记校长论坛，

2011 (5): 4-6.

[14] 于文明. 深化我国公立高校内部治理结构改革的现实性选择 [J]. 教育研究, 2010 (6): 68.

[15] 潘姿曲, 祁占勇. 改革开放四十年职业院校治理结构沿革、特点与展望 [J]. 教育与职业, 2018 (13): 48-53.

[16] 周萍, 宋建军. 高职院校优化内部治理结构的研究 [J]. 中国职业技术教育, 2016 (1): 73-76.

[17] 柳燕. 我国高职院校治理结构评价体系探究 [J]. 中国职业技术教育, 2016 (9): 84-87.

[18] 蓝洁. 职业教育治理体系与治理能力现代化的框架 [J]. 教育与职业, 2014 (23): 7-9.

[19] 杨婷婷. 高职院校在治理体系和治理能力建设中存在的教育管理问题及改进策略 [J]. 教育与职业, 2018 (4): 39-42.

[20] 何文波, 刘建强. 高职院校治理体系与治理能力现代化建设的思考: 以湖南省为例 [J]. 湖南社会科学, 2019 (3): 173-177.

[21] 雷世平. 高职院校治理能力现代化的内涵及其衡量标准 [J]. 职教论坛, 2015 (31): 43-47.

[22] 郭静. 高职院校治理能力提升的现实困境与优化路径: 基于73所高职院校的实证研究 [J]. 国家教育行政学院学报, 2016 (6): 38-43, 49.

[23] 赵锋. 一流高职院校治理能力提升策略探析: 基于权变理论视角 [J]. 职业技术教育, 2016, 37 (16): 19-23.

[24] 陈发军. 复杂性理论视角下高职院校治理结构改革策略 [J]. 中国职业技术教育, 2018 (21): 17-21.

[25] 李福华. 治理的理论基础与组织构架 [M]. 北京: 教育科学出版社, 2008.

[26] 张晶晶, 郭晨. 中德职业教育治理结构比较研究: 基于校企合作育人的视角 [J]. 中国职业技术教育, 2018 (21):

46-52.

[27] 陆启光. 国外高职院校内部治理特点及启示 [J]. 职教论坛, 2016 (1): 89-93.

[28] 买琳燕. 美国社区学院治理结构的演变与启示 [J]. 职教论坛, 2017 (25): 81-86.

[29] 曹俊明. 西方五国高职院校教学管理体制与运行机制的特点及启示 [J]. 滁州职业技术学院学报, 2014, 13 (1): 20-24.

[30] 谢立三. 芬兰: 高职的办学机制与国家作为 [J]. 职业技术教育, 2006: 54-55.

[31] 吴杰, 张自伟. 大学治理结构的国际比较与借鉴 [J]. 山西财经大学学报 (高等教育版), 2007 (2): 19-22.

[32] 毕宪顺. 决策·执行·监督: 高等学校内部权力制约与协调机制研究 [M]. 北京: 教育科学出版社, 2013.

[33] 张楚廷. 教育论 [M]. 长沙: 湖南教育出版社, 2000.

[34] 彭国华, 雷涯邻. 美国大学共同治理规则研究述评 [J]. 高教探索, 2011 (1): 64-68.

[35] 杨惠梅. 公立高等职业院校内部治理结构研究 [D]. 长沙: 湖南大学, 2012.

[36] 李漫红, 苏明飞. 美国社区学院董事会的管理模式及其借鉴 [J]. 北京市经济管理干部学院学报, 2008 (4): 66-68.

[37] CLARK KERR, MARIAN L GADE. The Many Lives of Academic Presidents: Time, Place & Character [M]. Washington, DC: Association of Governing Boards of Universities and Colleges, 1986: 19-23.

[38] 朱子君. 美国社区学院治理结构研究 [D]. 石河子: 石河子大学, 2015.

[39] 程晋宽, 朱子君. 美国社区学院治理结构中校长权力的制衡及启示 [J]. 职业技术教育, 2014 (31): 84-88.

[40] 埃伦伯格. 美国的大学治理 [M]. 北京：北京大学出版社, 2010.

[41] 李巧针. 探析美国大学校长的权力制衡制度 [J]. 高教探索, 2008 (1): 79-82.

[42] 姜大源. 德国联邦职业教育法译者序 [J]. 中国职业技术教育, 2012 (10): 71-85.

[43] 杨建国. 德国大学内部治理结构对我国高职院校制度建设的启示 [J]. 成都航空职业技术学院学报, 2012 (2): 01-05.

[44] 刘立新. 德国职业教育产教融合的经验及对我国的启示 [J]. 中国职业技术教育, 2015 (30): 18-37.

[45] 孙晓庆. 发达国家高职教育经费投入标准与绩效评价比较研究 [J]. 继续教育研究, 2014 (3): 128-130.

[46] 寺田盛纪. 日本职业教育面临的挑战：亚洲区域内国际比较视野中的研究 [J]. 职业技术教育, 2012 (7): 81-87.

[47] 宣勇. 大学变革的逻辑 [M]. 北京：人民出版社, 2009.

[48] 张杰. 大学治理：以人为本的制度激励 [N]. 解放日报, 2014-03-17 (8).

[49] 李洪渠, 石芬芳. 德国职业院校管理及对我国高职院校管理创新的启示 [J]. 教育与职业, 2014 (4): 20-22.

[50] 张宏宝. 高等教育分层治理：类型与模式 [J]. 教育发展研究, 2015 (21): 26-30.

[51] 姜锋. 应用技术大学：德国工程师摇篮 [N]. 中国教育报, 2014-05-07 (2).

[52] 金炳雄. 美国社区学院对我国高职院校学生事务管理的启示 [J]. 中国高教研究, 2015 (9): 94-97.

[53] 董刚, 杨理连. 高职院校内涵发展模式的要素解析与途径研究 [J]. 职教论坛, 2010 (27): 8-10.

[54] 国务院. 国务院关于加快发展现代职业教育的决定 [Z].

(国发〔2014〕19号),2014.

[55] 陈权. 当代中国公立高校内部权力结构及运行机制研究[D]. 长春:吉林大学,2011:3-5.

[56] 孟倩. 大学内部治理的分权与制衡:博弈论的视角[M]. 北京:中央编译出版社,2016.

[57] 姜斯宪. 变革中的大学章程[N]. 光明日报,2014-08-04(16).

[58] 马陆亭. 政府与高校间的契约型管理模式探讨[J]. 中国高等教育,2008(21):19-21.

[59] 严蔚刚. 教授委员会在高校二级学院治理结构中的地位[J]. 复旦教育论坛,2013,11(4):49-52.

[60] 罗宾斯. 组织行为学精要[M]. 北京:电子工业出版社,2011.

[61] 张志英. 高等教育专业评估理论及方法研究[M]. 北京:中国社会科学出版社,2008.

[62] 李小娃. 高职院校治理改革:理论命题与实践问题[J]. 职业技术教育,2015(16):22.

[63] 国务院. 国家职业教育改革实施方案[Z]. 国发〔2019〕4号,2019.

[64] 阿特巴赫. 比较高等教育:知识、大学与发展[M]. 北京:人民教育出版社,2001.

[65] 朱纪华. 协同治理:新时期我国公共管理范式的创新与路径[J]. 上海市经济管理干部学院学报,2010(1):5.

[66] 刘晓. 协同治理:市场经济条件下我国政府治理范式的有效选择[J]. 中共杭州市委党校学报,2007(5):64.

[67] 竺乾威. 公共行政理论[M]. 上海:复旦大学出版社,2008.

[68] 赵军锋,金太军. 政府协调治理:我国突发事件应急管理创新探讨[J]. 青海社会科学,2011(6):7.

[69] 程勉中. 大学组织结构的创新设计 [J]. 成都理工大学学报（社会科学版），2009，17（3）：95-99.

[70] 江苏省陶行知教育思想研究所，南京晓庄师范陶行知研究所. 陶行知文集 [M]. 南京：江苏教育出版社，1991.

[71] 陶行知. 学生自治问题之研究 [M]. 北京：东方出版社，1996.

[72] 洪源渤. 共同治理：论大学法人治理结构 [M]. 北京：科学出版社，2010.

[73] 许为民，张国昌，沈波，等. 学术与行政：中外大学治理结构案例研究 [M]. 杭州：浙江大学出版社，2013.

[74] 何晓芳，周秀华. 现代大学制度框架下高等学校民主管理的理念与机制研究 [J]. 黑龙江高教研究，2010（9）：15-17.

[75] 寇宝明. 高职院校院系两级管理体制改革问题分析 [J]. 教育与职业，2009（35）：11-12.

[76] 陈国锋. 高职院校二级管理运行现状与发展策略 [J]. 中国职业技术教育，2008（21）：19-21.

[77] 方飞虎. 高职院校推行院系二级管理体制的认识与思考 [J]. 职业教育研究，2008（1）：61-62.

[78] 吕继臣. 中国公立高等学校法人制度研究 [M]. 北京：北京师范大学出版社，2011.

[79] 马能和，贲道鹏. 高职院校推行校系（部）二级管理体制改革的认识与思考 [J]. 扬州大学学报，2009（13）：7-9.

[80] 薛传会. 学术权力与行政权力的分野：学院教授委员会制度探索 [J]. 教育探索. 2012（4）.

[81] 陈向平. 高职院校二级管理体制机制改革与发展策略 [J]. 常州工程职业技术学院高职研究，2014（3）：1-4.

[82] 王秀萍. 浅谈高职院校的院系两级管理模式的优势与应用 [J]. 时代教育，2014（1）：177-178.

[83] 国务院办公厅. 关于深化产教融合的若干意见 [Z]. 国办

发〔2017〕95号,2017.

[84] 陈春梅. 2030混合所有制高职院校内部治理展望[J]. 中国职业技术教育, 2017 (24): 42-46.

[85] 肖凤翔. 史洪波. 从无序到有序: 我国现代职业教育协同共治之理[J]. 教育发展研究, 2015 (13-14): 67-72.

[86] 周俊. 发展混合所有制职业院校的思考[J]. 中国职业技术教育, 2014 (21).

[87] 蒋群英. 内涵与基本特征: 对混合所有制职业院校的理论辨析[J]. 职教通讯, 2016 (1): 01-04.

[88] 陈艳艳, 阙明坤. 探索发展混合所有制职业院校研究综述[J]. 中国职业技术教育, 2016 (12): 32-35.

[89] 陈德泉. 德国双元制职业教育的重新审视[J]. 中国高教研究, 2016 (2): 92-96.

[90] 王忠诚, 赵东明. 高职校企混合所有制型产学研基地建设研究[J]. 教育发展研究, 2015 (23): 10.

[91] 董圣足. 教育领域探索"混合所有制": 内涵、样态及策略[J]. 教育发展研究, 2016 (3): 52-56.

[92] 邵庆祥. 具有中国特色的产业学院办学模式理论及实践研究[J]. 职业技术教育, 2009 (4): 27.

[93] 何万一. 高职院校内部治理结构改革的路径分析[J]. 职教论坛, 2013 (13): 36-41.

[94] 朱德全, 徐小容. 高等教育质量治理主体的权责: 明晰与协调[J]. 教育研究, 2016, 37 (7): 74-82.

[95] 王作兴. 完善高职院校内部治理结构的现实选择[J]. 江苏高教, 2011 (4): 134-136.

[96] 冯振伟, 韩磊磊. 融合·互惠·共生: 体育与医疗卫生共生机制及路径探寻[J]. 体育科学, 2019, 39 (1): 35-46.

[97] 卢竹. 混合所有制高职院校股权结构的内涵、特征及多维关系审视[J]. 职业技术教育, 2018, 39 (1): 44-49.

[98] 周山明,李建清,郑建勇. 产学研基地建设的探索与研究[J]. 中国高校科技与产业化,2010(9):56-57.

[99] 赵东明,赵景晖. 高职校企混合所有制二级产业学院建设研究[J]. 教育探索,2016(6):45.

[100] 马超,李金梅. 职业教育混合所有制办学的现实困境及应对策略[J]. 中国成人教育,2019(8):28-32.

[101] 韩刚. 高职院校治理结构困境与优化研究[J]. 教育理论研究,2017(12):214-215.

[102] 王敬良,郭素森. 混合所有制办学:深化产教融合、校企合作的有效路径[N]. 中国教育报,2018-04-05.